一流大学研究文库
大学·知识·政策

国家社会科学基金教育学一般课题：
高校科研人才评价目标群体认同与分类建构研究（BIA170162）

大学的新衣

对基于文献计量学的
科研评价的反思

Bibliometrics and
Research Evaluation

Uses and Abuses

【加】伊夫斯·金格拉斯 著
（Yves Gingras）

刘莉 董彦邦 王琪 译

上海交通大学出版社
SHANGHAI JIAO TONG UNIVERSITY PRESS

内容提要

目前，科研评价正在蓬勃发展。"排名""计量""h 指数"和"影响因子"在学术界非常流行。政府和科研管理者希望使用定量指标来评价一切，包括对普通教师、教授、课程和大学的评价。文献计量学集出版物和引文于一身，在"卓越研究"的评价工具中占据主导地位。与 17 世纪科研论文首次发表以来使用的同行评价等"主观"和直观评价相比，文献计量指标是一种更有价值的定量测量方法，因此被称为研究水平的"客观"评价标准。伊夫斯·金格拉斯在书中围绕文献计量方法开展了热烈的讨论，探究了大学急于让无效指标影响科研战略的缘由，并在一定的分析维度上提出了建立有效指标的精确标准。

本书将为科研政策制定者、科研管理人员、科研政策研究者以及研究生提供有价值的参考。

图书在版编目（CIP）数据

大学的新衣？：对基于文献计量学的科研评价的反思／（加）伊夫斯·金格拉斯（Yves Gingras）著；刘莉，董彦邦，王琪译. —上海：上海交通大学出版社，2021
ISBN 978 - 7 - 313 - 24874 - 9

Ⅰ.①大…　Ⅱ.①伊…　②刘…　③董…　④王…　Ⅲ.①文献计量学—研究　Ⅳ.①G250.252

中国版本图书馆 CIP 数据核字（2021）第 070469 号

Les dérives de l'évaluation de la recherche
Du bon usage de la bibliométrie
Yves GINGRAS est l'auteur.
© Editions Raisons d'Agir, 2014

上海市版权局著作权合同登记号：图字 09 - 2017 - 514 号

大学的新衣？——对基于文献计量学的科研评价的反思
DAXUE DE XINYI？——DUI JIYU WENXIAN JILIANGXUE DE KEYAN PINGJIA DE FANSI

著　　者：[加] 伊夫斯·金格拉斯（Yves Gingras）		译　　校：刘　莉　董彦邦　王　琪	
出版发行：上海交通大学出版社		地　　址：上海市番禺路 951 号	
邮政编码：200030		电　　话：021 - 64071208	
印　　制：苏州市越洋印刷有限公司		经　　销：全国新华书店	
开　　本：880 mm×1230 mm　1/32		印　　张：4	
字　　数：97 千字			
版　　次：2021 年 5 月第 1 版		印　　次：2021 年 5 月第 1 次印刷	
书　　号：ISBN 978 - 7 - 313 - 24874 - 9			
定　　价：78.00 元			

引　言

近十年来，排名（ranking）、评价（evaluation）、计量（metrics）、h指数（h-index）、影响因子（impact factors）等词语在高等教育及其研究领域颇为盛行[1]。政府和科研管理人员希望运用定量指标来评价一切，包括对普通教师、教授、科研人员、课程和大学的评价。这种需求源于 20 世纪 80 年代的"新公共管理"（New Public Management）思想，这一思想使"卓越"、"质量"指标在评价中倍增。这些术语虽然被频繁使用，但很少有人关注它们的确切含义及其有效性[2]。

在"卓越研究"（research excellence）的评价工具中，文献计量学（bibliometrics）的地位最为显赫。文献计量学作为一个研究领域，通常用于分析一个既定的实体（个人、机构、国家等）发表的科研论文及其被引频次。虽然论文数量提供了一个简单的产出指标（若定义了时间单位，则为生产力指标），但是一篇论文的被引频次往往被认为是对论文质量和科学影响的直观测量。各种数字组合为大学、实验室及科研人员等排名提供了一些指标，这些指标被认为是对研究成果价值的"客观"测量。许多人认为，"客观"测量可以有效地替代 17 世纪以来一直沿用的相对"主观"的同行评价方法。

20 世纪 90 年代，许多科学家发现了文献计量学，并开始普遍使用定量指标来评价科学家的研究活动。同时，科学家们也开始对其应用进行批评，如谴责文献计量学的缺点，揭示简单化指标可能对科学研究动态产生的负面影响等。然而，矛盾的是，科研人员未必了解这些指标的真正含义及其有效性,却往往首先强调自己论文发表期刊的影响因子,并将总被引频次或其 h 指数(后文将具体阐述)作为自己的价值体现与成功标志。当成为评价委员会的成员后,这些科研人员往往会毫不犹豫地使用这些相同的指标对其同行进行排名,决定其是否具有获得科研资助的资格。因此,人们不能把 20 世纪 90 年代突然爆发的"文献计量热"(bibliometric fever)以及由此引发的令许多大学校长兴奋不已的排名繁荣现象(尽管事实上,正如本书所要讨论的,这些排名没有真正的科学有效性,且很少能够真正测量出想要测量的内容)都归咎于管理人员。

虽然在各种排名和评价中,文献计量数据很少作为唯一的信息,但科学家对文献计量学的发现让人们错误地认为"文献计量学"="评价",好像文献计量学在评价活动之外并没有其他的用途。事实上,由于缺乏认真的方法论反思,导致了科研评价中文献计量指标的滥用。尽管科学家在《自然》(Nature)、《科学》(Science)或者博客中频繁抱怨各种文献计量指标的使用和大学排名,但是到目前为止,大多数批评者仅仅强调所谓的文献计量指标的局限性,并想当然地认为他们提供了其他有效指标。批评者很少质疑这些指标的认识论基础:这些指标本身是否有意义? 这些指标所测量的是否是它们本应测量的内容? 这些指标是否适用于它们应该测量的概念(质量、生产力、影响等),等等。

有关文献计量学在科研评价中的弊端的研究文献非常丰富,甚至略显冗余[3],这些文献提出的问题往往是在概念与其指标之间界定不清的时候产生的,并没有具体说明指标的有效性和有用性(如果有的话)的标准。评价是不可能完全避免的,关键是理解最常见的文献计量指标的具体属性,并对那些设计不当的指标和使用这些指标可能导致(或已经导致)的意想不到的负面后果进行严厉批评。尽管我们知道这些排名所使用的指标是无效的,而且只有大约 15% 的国际学生知道这些排名的存在，而这些国际学生中又仅有 10% 使用大学排名来选择学校[4]。但是，当得知欧洲大学 70% 的高等教育管理者承认使用公开的大学排名来决策时，这一任务就更加紧迫了。

本书的主要目的是以简洁的方式阐述文献计量学的基本概念与方法，以证明文献计量学比科研评价的范围广泛得多。科研评价是文献计量学方法相对较新的（和不恰当的）一个应用领域。第一章回顾了文献计量学作为一个研究领域的起源，梳理了文献计量学从图书馆管理（20 世纪 50、60 年代）到科学政策（20 世纪 70 年代）再到科研评价（20 世纪 80 年代）的应用与发展的演变过程。接下来的第二、三、四章则分别讨论了文献计量指标和排名的有效应用、不当应用及滥用情况。

本书首先关注有效应用，第二章对出版物和引文模式的研究，在一定程度上为分析全球科学随时间推移的动态发展提供了一个独特的工具。一直以来，科学家之间流传着许多关于论文和引文的"神话"，但事实证明，它们缺乏经验基础，只是"神话"而已。第三章证明了科研评价是非常古老的实践活动，伴随 17 世纪中叶科研论文的出现而诞生，又在 20 世纪增加了新的层次，包括对拨款、研究生课程、研究实验室乃至将大学作为一个整体进行评价。这些评价基本上是质性的，并以同行评价委员会的评价为基础，直到 20 世纪 80 年代，文献计量指标才开始被应用于科研评价，以补充定量评价。根据实证主义的"决策"概念，传统的质性方法如今被认为过于主观而无法令人信服，定量评价则被认为比传统质性方法更为客观。

毫无疑问，当越来越多的定量指标被用于评价高等教育机构与研究者时，这些定量指标也越可能被滥用。因此，第三章和第四章分析了界定不清的定量指标的不当应用，即那些使研究动态产生异常的、意料之外的影响的应用，以及那些更糟糕的滥用，如操纵数据，甚至贿赂作者，让其在论文中添加新的学校地址，以提升某些机构在世界大学排名中的名次。本书还讨论了文献计量指标的倡导者及批评者很少提及的问题,如为什么所谓的期刊影响因子要保留到小数点后三位? 哪些人真正需要了解期刊论文的质量? 换言之,本书关注评价的政治性,并试图证明数字的使用是控制科学家并在评价过程中降低其自主性的一种方式。

目前,在蓬勃发展的评价市场中流行着各种各样的文献计量指标。为了更好地进行质量控制,本书最后一章分析了这些指标所用数据的来源及其局限性,并且在给定的分析范围内提出了建立有效性指标(比如个人、机构或国家)的精确标准。许多大学管理者基于学校的排名去调整他们的实践与政策,反过来,这些实践与政策又是基于对科研质量的不当评价,本书也试图厘清这其中的缘由。总之,我认为,大学急于让无效指标影响其科研战略,事实上是在重演"皇帝的新衣"(The Emperor's New Clothes)这个古老的故事。

本书仅一家之言,并没有对与科研评价相关的诸多方面的计量文献(正如上文所说,冗余和浅显的文献)进行大范围的调查。尾注为读者提供了一些具体文献,但并未对其进行全部引用。对所讨论的问题贡献最大的文献被列为重点文献。对于想要了解更多细节的读者来说,可以通过尾注或者浏览如下期刊,例如《科学计量学》(*Scientometrics*)、《信息计量学期刊》(*Journal of Informetrics*)、《信息科学与技术学会会刊》(*Journal of the Association for Information Science and Technology*)、《科学与公共政策》(*Science and Public Policy*)、《科研评价》(*Research Evaluation*),以及由布莱斯·克罗宁(Blaise Cronin)与凯斯蒂·杉本(Cassidy R. Sugimoto)编写的《超越文献计量学》(*Beyond Bibliometrics*)一书[5],轻松找到合适的(文献)来源。

我的同事米歇尔·齐特(Michel Zitt)对本书的法文版进行了长篇评论,他引用了50多篇专业论文,拓展了我在书中讨论的一些问题,使相关内容在本书中得到修订与更新[6]。本书使我有机会能够清晰地阐明在先前出版的法文版本中尚需阐释的内容。本书面向的读者是科研人员与科研管理者,以及其在工作中与文献计量学打交道的高等教育参与者。我希望本书的简洁风格与基调使其更具可读性。不过,经验丰富的文献计量学专家也许不能在本书中获取更多技术层面的知识(可能除了我提出的用来检测指标有效性的标准)。

　　齐特在总结其长篇评论时认为我提供了"坚定的愿景,但缺乏细微差别"(committed vision, albeit one without nuances)[7]。读者会从自身角度判断我所提供的"细微差别"的程度。但是我认为,使读者沉迷于技术内容会使他们错过书中传达的重要信息和问题:在过去50年中,有数以千计的专业论文来讨论文献计量学的基本概念和指标,然而时至今日,为什么科研人员、大学校长、行政人员和管理者仍然对此十分困惑? 可能的一种解释是,太多的文献计量学家只关注于计算他们所找到的测量单位(引文、推特、评论、网络连接)的难点,而没有先思考"这些测量的意义是什么"。一位研究者分析了经济合作与发展组织(Organisation for Economic Co-operation and Development, OECD)开展的"国际学生读写能力评价测试项目"(Programme for International Student Assessment, PISA)识字测试后指出:测量结果是答案,但问题是什么呢?[8]

　　因此,我希望本书不是在技术层面为某一个具体指标的完善而展开讨论,而是通过聚焦评价的基本问题及其对科研的影响,为文献计量评价的使用者与被评价者提供一些概念性工具,帮助他们更合理地评价目前在新兴的科研评价市场上盛行的排名"黑匣子"里的许多指标。

致　谢

本书法文版最初源于 2011 年 6 月我受邀在巴黎法国农业科学院(Institut National de la Recherche Agronomique, INRA)的一场文献计量学演讲。在这次演讲活动中,我注意到与科研评价相关的文献计量学的争论层出不穷且错误百出,这种情况让我确信,是时候对这些争论进行梳理了。我参与过很多文献计量学的评价工作,并且在过去 20 年里也在很多会议上探讨过,所以我认为全面梳理科研评价中人们对文献计量学有效应用、不当应用甚至滥用的情况是非常有价值的[9]。非常感谢评审本书书稿并提出有益建议的同事们:首先感谢我长期的亲密合作伙伴文森特·拉里维埃(Vincent Larivière)、杰里米·布迪尔(Jérôme Bourdieu)、米歇尔·格罗塞蒂(Michel Grossetti)、约翰·海尔布朗(Johan Heilbron)、卡米尔·里蒙(Camille Limoges)、弗兰克·波普(Franck Poupeau)、维克多·斯托维斯基(WiktorStoczkowski)和让-菲利普·华伦(Jean-Philippe Warren)。同时,也感谢让-菲利普·罗比泰尔(Jean-Philippe Robitaille)和皮埃尔·蒙爱昂(Pierre Mongeon)采集数据;感谢宝琳·赫特(Pauline Huet)对尾注的格式进行调整;感谢尤金·加菲尔德(Eugene Garfield)授权本书使用图 2.1 和 2.2;感谢凯蒂·波尔纳(Katy Börner)与凯文·波亚克(Kevin Boyack)授权本书使用图 2.13。当然,我本人会为书中仍可能存在的错误或不当表述承担全部责任。我独自翻译、修改和更新了本书的英文版本,并在这个过程中参考了法文版的审稿人以及麻省理工学院出版社选择的两位匿名读者的评论和建议。还要特别感谢让-弗朗西斯·布兰切特（Jean-François Blanchette），他认为本书的英文版很有意义，并且联系了麻省理工学院出版社；感谢我的同事彼特·柯亭（Peter Keating），他认真地阅读了书稿的最终版；感谢吉塔·得维·玛纳卡特拉（Gita Devi Manaktala），感谢她在英文版从翻译到出版的过程中出色而高效的支持。最后感谢莫妮卡·杜蒙特（Monique Dumont）编写索引。

目　录

第一章
文献计量学的起源

　　在开始探讨文献计量学之前,我们首先厘清这一领域的几个术语。科学计量学(*scientometrics*)是对所有学科中各种科学活动的测量,这一术语的提出主要归功于物理学家瓦西里·瓦西里耶维奇·纳利莫夫(Vassily Vassilievich Nalimov)(他在 1969 年出版的一本著作的标题中使用俄语"*naukometriya*"表达了这个概念)[1]。科学计量学使用的数据包括投入的研发(Research and Development,R&D)经费、参与研发工作的科研人员以及论文、专利等成果的数量。文献计量学(*bibliometrics*)作为一个专业术语,由艾伦·普里查德(Alan Pritchard)在 1969 年提出,是科学计量学的一个子概念,而且它仅限于对出版物及其属性的分析[2]。当涉及专利分析的时候,经常使用的是技术计量学(*technometrics*)这一术语。

　　虽然开展科研评价时,我们倾向于考虑论文,但是也应该考虑其他类型的出版物,至少原则上应该包括图书、博士论文以及所谓"灰色文献"的研究报告等。对这些不同类型出版物或多或少的复杂性分析基本取决于其是否以数据库形式存在。在计算机能够自动处理大量数据之前,文献计量数据一直都是依靠人工收集来完成,收集工作仅包括数量相对较少的出版物(约几十种),且内容与化学、社会学等具体学科相关。随着互联网的出现,网络计量学(*webometrics*)这一术语被提出,它包括对科学出版物的电子存取与使用的分析。尽管存在这些形式上的区别,但由于对科研产出(无论文献是以电子版还是纸质版的形式)的分析已经占据科学动态研究的中心位置,科学计量学和文献计量学已经快速发展成为可以互换的概念[3]。

作为期刊收集与管理工具的引文分析

传统文献计量学的诞生通常与20世纪20年代中期美国统计学家阿尔弗雷德·洛特卡(Alfred Lotka)发表的一篇论文有关,这篇论文阐述了科研人员科学生产力的分布,如今已经成为经典文献。在这篇开创性的论文中,洛特卡建立了以他的名字命名的"洛特卡定律",即发表 N 篇论文的作者数量 P 与论文数量 N 的平方成反比[4]。然而,正如贝诺蒂·戈丹(Benoît Godin)所言,事实上,在20世纪早期,心理学家们率先在其研究领域分析出版物的数量变化,当时他们已经开展了文献计量学研究,只是没有使用文献计量学这一术语[5]。为了追溯所属学科的历史,其他领域的科学家也分析了出版物数量随着时间变化的情况[6]。但与洛特卡的研究不同,这些分析的目标都不是为了寻求一般定律,而仅仅是为了跟踪他们自身专业的发展。

尽管有过一些先例,但是随着20世纪20年代和30年代图书馆期刊馆藏管理的发展,文献计量学研究开始变得更加系统化。随着学术期刊数量和成本的增加,图书馆馆员开始使用客观方法来选择对科研人员最有用的期刊。在期刊馆藏管理的这种背景下,引文分析开始兴起。图书馆馆员不仅计算出版物的数量,而且开始查看它们所包含的参考文献(即引文)以衡量论文和期刊对科学家的实际有用程度。通过分析在某一特定学科内或某一特定时期内被引用最多的期刊(起初研究最多的领域是化学),图书馆馆员能够把那些仍然对研究有用的期刊与那些因极少被引用而被认为过时的期刊区分开来，从而淘汰那些过时的期刊，为有利于解决最新研究问题的期刊腾出空间。

1927 年发表在《科学》上的一项研究表明，与其基于科研人员主观兴趣来选择期刊，不如找到更宽泛、客观的衡量标准来确定这些期刊的实际效用。两位化学家通过分析 1926 年美国化学期刊的主要内容，发现尽管有 247 本不同期刊被引用，但是大部分（超过 130 本）期刊的被引频次小于 3[7]。随后，另一位化学家强调了德文期刊的流行，指出年轻化学家掌握德语的重要性[8]。第二次世界大战（以下称二战）带来了很多变化，其中标志性的变化是，美国化学家对德文期刊引用量的急剧下降，这已被 20 世纪 50 年代中期一项对化学工程期刊引用的研究所证明[9]。

人文与社会科学领域也效仿科学领域的这种做法，基于有限的样本对参考文献进行类似的描述性分析[10]。早在 20 世纪 50 年代中期，尤金·加菲尔德（Eugene Garfield）提出"引文索引"（citation index）的很多年前，科学家就已经凭直觉认识到，论文中包含的引文在科学家的研究实践和科学的社会动态方面可以提供有用的信息。事实上，他们已经发现德文期刊被大量引用。由此可以得出两个结论：一是学生必须学习德语；二是一些期刊花费了图书馆宝贵的资金（这些资金本应被用于更好的投资），但是多年来却未被引用。这些结论都是难以通过其他方法得出的。

对不同学科、专业发展的文献计量学分析，导致了这个新的研究领域特有概念的诞生。一篇代表性论文会随着时间的推移而被使用（和被引用）得越来越少，这类似于元素的放射性衰变。为了使这一理念规范化，20 世纪 60 年代初，出现了科学文献半衰期（a half-life）的概念，即通过对论文和期刊中参考文献的年份分布进行分析，发现科学文献半衰期遵循指数衰减曲线规律。以此类推人们可以计算覆盖总参考文献数 50% 的年份来定义半衰期。这个简单的指标为科学文献在某一领域的效用寿命提供了一种测量标准。例如,人们对学科进行比较发现,历史学科比化学学科更经常地引用 20 年前的文献(见图 1.1a)。早期研究还表明,在数学学科中,有一半被引用的效用寿命低于 10 年,而在物理学科中,半衰期更短,只有 5 年。这一发现揭示了数学领域的文献通常比物理领域的效用寿命更长[11]。同样,基于前瞻性的导向,人们可以将引文半衰期(the half-life of citations)定义为达到引文累计总数的一半所需的时间(见图 1.1b)。

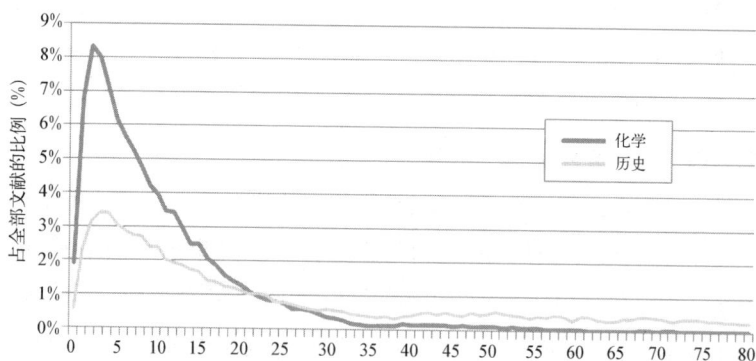

(a) 发表于 1980 年的化学和历史学科论文中参考文献的典型时间分布

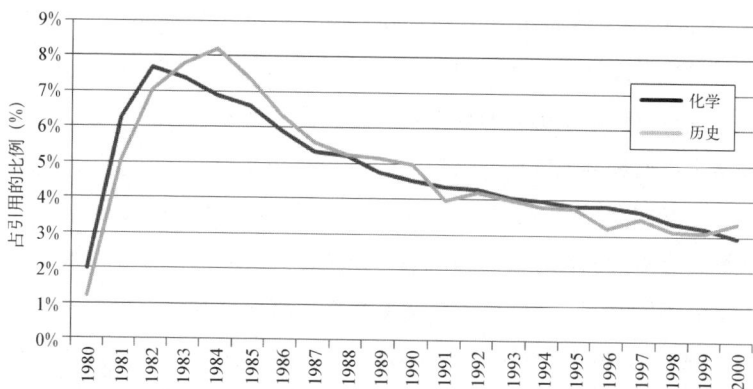

(b) 化学和历史学科论文自 1980 年发表后被引用的典型时间演变(所有引文经过标准化处理)

图 1.1

科学引文索引：推动文献检索的发展

二战结束后，论文发表数量呈指数型增长。在这样的情况下，科研人员即使在自己的专业领域内也无法追踪新的研究成果。私人企业或学术团体的近期出版物摘要也已经不足以完成此项任务。1946年，伦敦皇家学会（The Royal Society of London）组织了两次科学信息国际会议，目的是改进现有的科学文献收集、索引和分布方法，并扩展现有的文摘服务[12]。20 世纪 40 年代末，如何用某种方式对引文进行索引以帮助科学家们更轻松地找到他们所需要的文献，这一问题日益凸显。

在这种背景下，1955 年尤金·加菲尔德提出了一项计划——将科学文献中引用的所有论文都编入索引。该计划所采用的模型以谢巴德援引法（Shepard's Citations）为基础。谢巴德援引法是将所有公开发表的美国法律信息收集起来做成索引，使法律工作者很容易地辨别、提取并援引自己想要的法律信息，也因此创造了法理学。加菲尔德建议弗兰克·谢巴德公司（the Frank Shepard Company）（为律师提供了不可或缺的索引的公司）副总裁威廉·C·阿黛尔（William C. Adair）在《美国文献工作》（American Documentation）上发表一篇论文来描述这一法律工具的运行方式以及它如何适用于科学文献[13]。这篇论文发表后的几个月里，加菲尔德在《科学》上阐述了该计划的细节，即建立一个科学文献引文电子数据库[14]，目的是通过使用被引论文来帮助确定那些研究同一主题的论文，从而使文献检索更加便利。基本的、潜在的直觉是，对一篇论文的引用表明引文和被引论文之间存在一种概念上的联系。快速找到并引用一篇感兴趣的新论文，就会建立一个相关的参考目录，这似乎是很合理的。例如，阿尔伯特·爱因斯坦（Albert Einstein）1905 年发表的关于相对论的论文,该论文确实关注相对论这一主题,而与化学无关。类似地,通过寻找引用自己研究成果的论文,不仅可以找到同一主题的论文,还能找到从事同一主题研究的其他作者,这可能不是仅仅依靠泛读常规的科学期刊能实现的。

加菲尔德深信该计划的实用性及其盈利能力,并于 1959 年在费城建立了科学信息研究所(Institute for Scientific Information, ISI)。1961年,加菲尔德从美国国家科学基金会(National Science Foundation, NSF)和国立卫生研究院(National Institutes of Health, NIH)获得了30 万美元资助,用于研究自动化引文索引(automated citation index)的可行性。1963 年,ISI 发布了《科学引文索引》(Science Citation Index, SCI),并在接下来的几年里持续扩大其覆盖范围。美国国家科学基金会和国立卫生研究院对该计划的参与表明,在信息呈指数型增长的背景下,科学组织高度重视科学文献的获取问题[15]。

直到 20 世纪 80 年代,SCI 才成为评价科学出版物影响力的主要工具。但 SCI 是在科学文献管理的背景下产生的,与科研评价并没有直接联系。20 世纪 60 年代,美国国家科学基金会、国立卫生研究院等组织还没有将科研评价提上议程,更不用说大学或政府了。当时,SCI 主要是一种文献检索工具,帮助科学家们在大量出版物中找到他们感兴趣的某一主题的出版物。即使在今天,科睿唯安(Clarivate Analytics)的信息检索平台 Web of Science(简称 WoS)上的 Web of Science™核心合集数据库及其竞争对手爱思唯尔(Elsevier)的 Scopus 数据库仍提供独特的文献研究工具,可以在特定的主题上快速构建文献目录。值得注意的是,虽然科研人员一直称它们为"索引",但在 20 世纪 60年代到 80 年代这一时期,该产品实际上是一本书,按字母顺序排列被引作者的姓名(参见第二章图 2.1)。此后,信息技术将这一索引转化为一个电子数据库,包含了可以在互联网上检索到论文的参考文献,但"引文索引"这一术语仍被广泛使用。

文献计量学在科技政策中的应用

英国科学史家德里克·索拉·普赖斯（Derek de Solla Price）赋予了科学计量学第一个理论基础。作为一位经验丰富的物理学家，普赖斯提出将科学作为一种集体现象来分析，应去追踪所有科学家及其论文发表的变化，而不是仅仅关注像爱因斯坦这样极少数的伟大科学家。普赖斯希望能够对科学发展进行定量分析的基础上，创造出所谓的"科学学"（science of science）。1950年，他发表的一项研究表明，大约自1700年以来，科学作为一种系统已经呈指数型增长，每隔15年，期刊和出版物的数量就会翻一番[16]。尽管精确的增长率会因所使用的方法和数据而有所不同，但是科学的指数型增长已经得到了一些研究的证实[17]。普赖斯也是第一个使用新SCI数据库进行社会学而不是文献学分析的人。他在1965年发表的一篇有关引文网络的论文中，强调了引文的分布非常不均匀，这种分布遵循一种类似于洛特卡定律（描述科研人员生产力分布）的幂律[18]。

尽管有图书馆馆员在引文分析方面所做的工作及普赖斯对科学学的推动，但文献计量学研究仍长期局限于由科学家、图书馆馆员、社会学家和历史学家组成的小群体中。这些学者都从自身出发研究科学出版物及其所包含的参考文献（即引文）的属性。随着科学政策时代的到来，文献计量学作为学术研究领域在20世纪70年代才真正发展起来。

回想一下，就能理解为什么文献计量学的真正发展会出现在20世纪70年代。1960年下半年，许多国家对科学政策和规划表现出新的兴趣，这成为科学组织的一个转折点。就像20世纪30年代的经济危机和二战后对经济和社会发展指标的制订一样，国际组织对促进研发所需的研究和创新指标进行了思考[19]。经济合作与发展组织(Organisation for Economic Co-operation and Development,以下简称"经合组织")因此启动了一系列关于国家科学政策的研究。1962年,经合组织出版了第一版《弗拉斯卡蒂手册》(*Frascati Manual*),为评价研发活动提供了方便的标准定义[20]。1965年,普赖斯在《自然》上发表了一篇关于"科学政策的科学基础"(*the scientific foundations of science policy*)的论文[21]。

正是在这样的背景下,美国国家科学基金会(如前所述,该基金会帮助加菲尔德创建了SCI)被美国国会授权制订一系列指标来监测和评价美国科学技术的地位,推动了1972年双年刊《科学指标》(*Science Indicators*)第一卷的出版。1987年,《科学指标》更名为《科学与工程指标》(*Science and Engineering Indicators*),其内容也开始适应政策的变化。在20世纪70年代初,美国国家科学基金会要求弗朗西斯·纳林(Francis Narin)及其公司Computer Horizons研究使用文献计量达到评价目标的可能性。纳林撰写了一份长篇报告,为"可评价的文献计量学"(evaluative bibliometrics)的发展奠定了基础[22]。

虽然经合组织主要以科学发展的经济愿景为驱动力,但它仍然主要关注投入指标与专利指标(专利指标被用作衡量创新的标准)。美国国家科学基金会更接近科学共同体,寻找出版物及其影响力方面的指标,而这类数据恰恰是SCI所能提供的。因此,除了更常用的科学人力资源和研发投入水平方面有用的数据以外,出版物和引文数据首次被纳入一套科学和创新指标中。20世纪80年代中期开始,美国以外的其他国家也开始使用这些文献计量数据来监测其科学发展水平[23]。

政府需要能够衡量科学和技术发展水平的指标,从而能够为国家科学和技术政策规划提供必要的信息,这刺激了以前比较分散的科技政策研究领域的发展,并促成了1971年《科研政策》(*Research*

Policy）期刊的创立。两年后《科学与公共政策》（*Science and Public Policy*）期刊也随之创立。这些期刊尤其致力于分析各国科技发展的社会与经济方面的影响因素。在 1974 年举行的一次研讨会上，文献计量学的先驱们就"走向科学计量：科学指标的出现"这一主题[24]进行了讨论。为了给科学指标的发展建立一个连贯模型的目标，来自不同领域的专家从历史学、社会学、经济学等方面对科学计量进行了分析。在此次研讨会上，物理学教授和科学史家杰拉德·霍尔顿（Gerald Holton）提出"科学是否真的能被测量？"这一问题，而斯蒂芬·科尔（Stephen Cole）和乔纳森·科尔（Jonathan Cole）兄弟及其他社会学家对科学领域学科的认知方面进行了讨论。加菲尔德及其同事们则表示，诸如文献耦合（bibliographic coupling）以及共被引分析（co-citation analysis）等量化方法可以作为绘制科学学科和专业的概念结构及其发展路径的工具[25]。

　　下一章将讨论这些文献计量方法和指标的不同用途。就目前而言，值得注意的是，文献计量研究的发展推动了科学学科通用标志（期刊、学会和学术团体）的诞生。第一本专门讨论文献计量的期刊是创建于 1978 年的《科学计量学》。10 年后（1987 年），一年一度的国际会议召开。1993 年"国际科学计量学和信息计量学协会"（International Society for Scientometrics and Informetrics）成立。SCI 数据库的存在也鼓励了使用文献计量数据的研究项目。20 世纪 70 年代，科学社会学作为一门专业发展起来，并于 1971 年建立了自己的期刊——《科学的社会研究》（*Social Studies of Science*）。一些利用文献计量数据分析科学学科发展的论文发表在该期刊上。

应用于科研评价的文献计量学

　　长期以来，文献计量工具主要用于图书馆馆藏管理，并作为科学发展中学术研究的数据来源。20 世纪 80 年代，文献计量工具开始应用于评价研究活动的生产力和科学影响力。同时，基于指标的管理方法开始被应用于私立机构，它以基准和知识管理的理念为基础，被引入公共机构。20 世纪 90 年代，这种管理方法被应用于大学管理[26]。在寻求适应评价学术活动的生产力和绩效表现指标的过程中，高等教育管理者们在文献计量数据中发现了他们构建超越传统同行评价所需的工具。同行评价越来越多地被认为过于主观，需要用更为客观的数据来加以补充甚至替换。创建于 1991 年的期刊《科研评价》(*Research Evaluation*) 反映了转向科研管理的这一趋势，并持续发布了基于文献计量指标的科研评价结果。

直到 21 世纪初，大多数文献计量分析都集中在国家、大学或实验室层面，而不针对个体进行评价。考虑到文献数据的属性以及数字在如此小范围内的巨大波动，大多数专家对于文献计量评价在个体层面上的应用都非常谨慎。尽管许多科学计量学家已经发出警告，但是管理者和科研人员在担任临时评价专家时已经使用文献计量指标来评价个体科学家。这种不加鉴别且不规范（通常是无效的）地使用文献计量指标的行为与如今易于获取的数据库有着密切关系，这些数据库（如 Scopus 和 WoS）可以通过大学图书馆或者通过网络（如谷歌学术）轻松访问。如今，在不考虑数据意义的情况下，科学家使用出版物和引用数据，即开展所谓的"野蛮文献计量学"（类似于弗洛伊德谴责的"野蛮精神分析"），这就催生出了不恰当且无效的指标，如 h 指数。本书后续将对其展开讨论。

总之，从 20 世纪 20 年代到 50 年代末，文献计量学依靠手工方法，仅适用于小样本，并且主要用于协助管理图书馆馆藏期刊。20 世纪 60 年代早期，计算机化的 SCI 数据库为大规模分析科学变革的动态提供了可能性。这一创新也是在科学政策正在形成并且需要新的指标来评价各国科学发展水平的背景下产生的。在 20 世纪 70 年代和 80 年代期间,这种情况促使对学科、专业之间以及国家和国际层面的科学动态研究的产生。

20 世纪 90 年代以来,文献计量学已经普遍成为评价科研和科研人员的主要工具。受这些新的定量评价方法的影响,科研人员自然(或机械)地将文献计量学与评价联系起来。很多科研人员对这种将研究活动简单量化的做法持否定态度,批判所使用的指标和数据的局限性,并发现了文献计量领域专家早已知晓的文献计量学的不足之处。另外一些科学家并不批判这一做法,而是利用这个机会发明了新的指标,他们以一种有点异想天开的方式,将论文和引文的文献计量数据结合起来,使用"方程式"来识别最优秀的科研人员。对于那些想要了解全球科学动态的人来说,文献计量学本是不可或缺的方法,但"可评价文献计量学"的滥用已经使它失去了信誉。

有趣的是,尽管文献计量学专家的论文一般发表在专业期刊上,但 20 世纪 90 年代以来,科学家们发表的文献计量方面的论文一般发表在他们所属学科的期刊上,并且通常包括其学科领域最常被引用的作者或期刊名单。在同行评价过程中,负责评审的专家并不精通文献计量学,因此,即便忽略了现有的专业文献,这些文献计量学论文仍然会被发表。最后,必须指出的是,在文献计量学中有太多的出版物没有考虑到科学动态的社会学方面,因此谈论"引用"、"推特"或"博客"时,好像它们处于同一层面,并对同样的社会学动态做出反应。为了跳出"文献计量学 = 评价"这个伪命题,下一章将讨论的问题是:若理性使用文献计量数据,我们能够在全球范围内获得哪些关于科学的社会动态的研究结果呢?

第二章

文献计量学与科学动态

如第一章所述,文献计量分析的快速发展取决于使大规模数据分析成为可能的电子数据库。大约 40 年前,即从 1963 年开始,文献计量数据的唯一来源是尤金·加菲尔德创建的《科学引文索引》(SCI),这一数据库由他创办的公司美国科学信息研究所(ISI)提供。直到 2004 年,SCI 数据库才迎来了自己的竞争对手——由爱思唯尔(Elsevier)公司创办的 Scopus 数据库。从 1963 年到 2004 年,SCI 这种长期的垄断地位解释了科学计量学领域至今所有的出版物都是基于 ISI 数据库的原因。不过,最近几年基于 Scopus 数据库的研究也大量出现。第三种文献计量数据来源是谷歌学术数据库,始于 21 世纪初,但它不具备像其他两个数据库一样的完整结构。前两个数据库提供了有组织的信息,包括作者单位地址、国别、论文的参考文献列表、所属学科领域分类以及其他资源,这些信息可以促进在机构和国家层面对出版物和引文的分析。

引文索引的内容

让我们来看看 SCI 数据库的基本结构。SCI 数据库已并入汤森路透（Thomson Reuters）[1] 的 WoS 数据库。美国科学信息研究所（ISI）首先创建了 SCI，随后分别于 1973 年和 1978 年建立了《社会科学引文索引》（Social Science Citation Index，SSCI）和《艺术与人文引文索引》（Arts and Humanities Citation Index，A&HCI）。在互联网普及之前，这些数据只能通过在大学图书馆里订购类似电话簿的纸质书来获取。在 20 世纪 80 年代，数据开始以光盘的形式出现。毫无疑问，纸质版数据不能进行综合分析，SCI 在当时也只能用于简单的文献计量研究。后来，人们终于可以直接从 ISI 购买电子数据。图 2.1 显示了 SCI 第一版页面的代表性题录。我们可以看到阿尔伯特·爱因斯坦 1905—1938 年所发表的论文的全部引用（大部分引用集中在 1960 年）。今天，SCI 的纸质版索引已经不复存在，SCI、A&HCI、SSCI 被整

姓名	标记	期刊			
爱因斯坦	★05★	物理学年刊	-	17	549
金		生化与生理研究通讯	60	42	344
罗西		自然	61	189	822
	06	物理学年刊	-	19	289
埃尔沃西		化学协会会刊	59		1951
瓦拉达爱亚		应用高分子科学	60	46	528
维那		乳业学报	59	42	227
金	06	物理学年刊	-	19	371
		生化与生理研究通	60	42	344
	07	无线电年鉴	-	4	411
博威		法国科学院会议报告	60	250	2149
	08	物理学年刊	-	25	205
菲克斯曼		物理化学杂志	60	33	1357
	08	电化学	-	14	235
马朱马尔		自然科学	60	47	39
	10	物理学年刊	-	33	1275
布洛		应用高分子科学	60	46	517
孔茅		细胞科学杂志	60	15	408
	11	物理学年刊	-	34	591
埃尔沃西		化学协会会刊	59		1951
吉本斯		生物化学杂志	59	73	217
瓦拉达爱亚		应用高分子科学	60	46	528
	12	物理学年刊	-	38	355
惠特罗		自然	60	188	790
	12	物理学年刊	-	38	443
惠特罗		自然	60	188	790
	24	物理学报	-	27	1
巴卡诺夫		法拉第学会讨论	60		130
	26	布朗投资理论	-		
巴卡诺夫		法拉第学会讨论	60		130
	37	富兰克林学会杂志	-	223	43
德罗兹		法国科学院会议报告	60	251	2297
	38	数学年刊	-	39	65
黄		法国科学院会议报告	60	250	1195
爱因斯坦	★42★	美国土木工程师学会	-	107	561
尼斯利		血管学	60	11	535

图 2.1　摘录自 1960 年 SCI 第一版对爱因斯坦论文的引用

来源：E. Garfield, American Documentation, July 1963, p.196.

1　汤森路透知识产权与科技事业部于 2016 年下半年开始在全球独立运营，新公司名称为科睿唯安（Clarivate Analytics）。本书英文原著也于 2016 年下半年出版，可见本书写作期间，公司名称仍是汤森路透（Thomson Reuters），因此译者依然采用英文原著汤森路透的表达。

合进 WoS。WoS 收录了全部学科，约一千二百种期刊。与 ISI 的数据库一样，大学图书馆（或其他机构）可以通过订购汤森路透（该公司 1993 年收购了 ISI）的服务来使用 WoS。

文献计量数据库并不包含论文全文，而是一组与每篇论文相关的元数据，通常记录论文的标题、发表期刊、所有作者、机构地址、文献类型以及所包含的参考文献的完整列表（见图 2.2）。参考文献列表赋予了 WoS 和 Scopus 数据库区别于其他类型书目资源的独特性。由于参考文献有时包括专利，这一特点为专利引文分析提供了可能性[1]。反之，20 世纪 80 年代开始，那些包含引用科研论文参考文献的专利数据库，也被用来建立科学研究与技术创新之间的联系[2]。

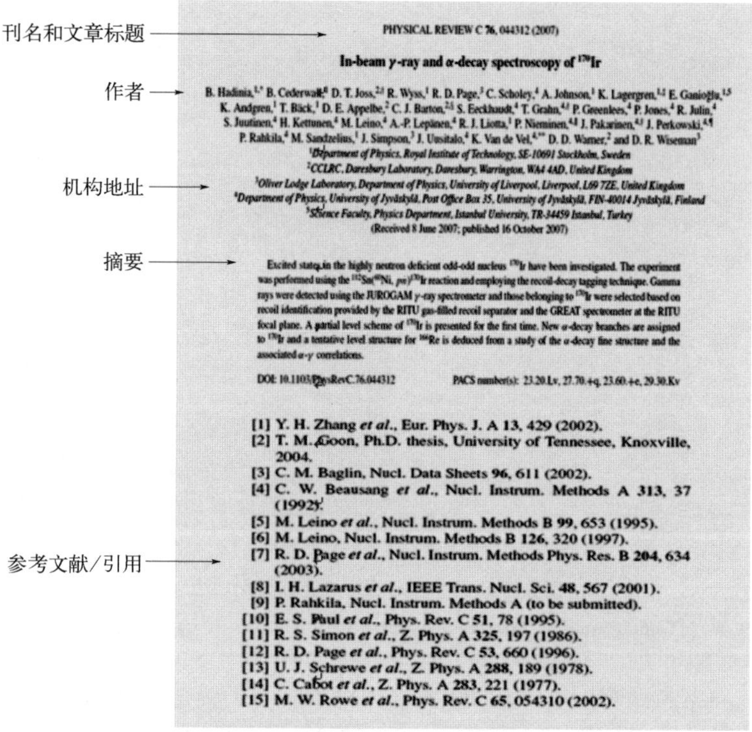

PHYSICAL REVIEW C 76, 044312 (2007)

In-beam γ-ray and α-decay spectroscopy of ^{170}Ir

B. Hadinia,[1,*] B. Cederwall,[1] D. T. Joss,[2,3] R. Wyss,[1] R. D. Page,[3] C. Scholey,[4] A. Johnson,[1] K. Lagergren,[1,2] E. Ganioğlu,[1,5] K. Andgren,[1] T. Bäck,[1] D. E. Appelbe,[2] C. J. Barton,[2,3] S. Eeckhaudt,[4] T. Grahn,[4,3] P. Greenlees,[4] P. Jones,[4] R. Julin,[4] S. Juutinen,[4] H. Kettunen,[4] M. Leino,[4] A.-P. Leppänen,[4] R. J. Liotta,[1] P. Nieminen,[4,3] J. Pakarinen,[4,3] J. Perkowski,[4,5] P. Rahkila,[4] M. Sandzelius,[1] J. Simpson,[3] J. Uusitalo,[4] K. Van de Vel,[4,**] D. D. Warner,[2] and D. R. Wiseman[3]

[1]*Department of Physics, Royal Institute of Technology, SE-10691 Stockholm, Sweden*
[2]*CCLRC, Daresbury Laboratory, Daresbury, Warrington, WA4 4AD, United Kingdom*
[3]*Oliver Lodge Laboratory, Department of Physics, University of Liverpool, Liverpool, L69 7ZE, United Kingdom*
[4]*Department of Physics, University of Jyväskylä, Post Office Box 35, University of Jyväskylä, FIN-40014 Jyväskylä, Finland*
[5]*Science Faculty, Physics Department, Istanbul University, TR-34459 Istanbul, Turkey*

(Received 8 June 2007; published 16 October 2007)

Excited states in the highly neutron deficient odd-odd nucleus ^{170}Ir have been investigated. The experiment was performed using the ^{112}Sn(^{60}Ni, pn)^{170}Ir reaction and employing the recoil-decay tagging technique. Gamma rays were detected using the JUROGAM γ-ray spectrometer and those belonging to ^{170}Ir were selected based on recoil identification provided by the RITU gas-filled recoil separator and the GREAT spectrometer at the RITU focal plane. A partial level scheme of ^{170}Ir is presented for the first time. New α-decay branches are assigned to ^{170}Ir and a tentative level structure for ^{166}Re is deduced from a study of the α-decay fine structure and the associated α-γ correlations.

DOI: 10.1103/PhysRevC.76.044312　　PACS number(s): 23.20.Lv, 27.70.+q, 23.60.+e, 29.30.Kv

[1] Y. H. Zhang *et al.*, Eur. Phys. J. A **13**, 429 (2002).
[2] T. M. Goon, Ph.D. thesis, University of Tennessee, Knoxville, 2004.
[3] C. M. Baglin, Nucl. Data Sheets **96**, 611 (2002).
[4] C. W. Beausang *et al.*, Nucl. Instrum. Methods A **313**, 37 (1992).
[5] M. Leino *et al.*, Nucl. Instrum. Methods B **99**, 653 (1995).
[6] M. Leino, Nucl. Instrum. Methods B **126**, 320 (1997).
[7] R. D. Page *et al.*, Nucl. Instrum. Methods Phys. Res. B **204**, 634 (2003).
[8] I. H. Lazarus *et al.*, IEEE Trans. Nucl. Sci. **48**, 567 (2001).
[9] P. Rahkila, Nucl. Instrum. Methods A (to be submitted).
[10] E. S. Paul *et al.*, Phys. Rev. C **51**, 78 (1995).
[11] R. S. Simon *et al.*, Z. Phys. A **325**, 197 (1986).
[12] R. D. Page *et al.*, Phys. Rev. C **53**, 660 (1996).
[13] U. J. Schrewe *et al.*, Z. Phys. A **288**, 189 (1978).
[14] C. Cabot *et al.*, Z. Phys. A **283**, 221 (1977).
[15] M. W. Rowe *et al.*, Phys. Rev. C **65**, 054310 (2002).

图 2.2　SCI 等引文索引的论文中包含的主要题录信息

当使用电子文献进行计量分析时,所有这些信息被重新整合成一个数据库。通过对不同维度(作者、国家、机构、期刊等)的分析,可以得出不同维度的结果。20世纪70年代使用SCI的纸质副本需要为期数月的工作,现在可以在几小时内甚至几分钟内完成,这使得所有学科领域中使用文献计量数据的论文数量大量增长。

在论文格式上,尽管大多数论文通常是由多个科研人员撰写的,但SCI只标注论文的第一作者。在计算机体积庞大,运行速度慢的时代,这样做是为了简化数据采集和控制成本。这种实用主义的选择限制了分析的可能性,因为要花费大量的时间去寻找对其他作者的引用,比如论文中作为实验室负责人的作者,通常标注在末位。作为SCI的早期用户,科学社会学家建议数据库应收录全部作者的名字。加菲尔德意识到这一变化所带来的代价,他回应道,"SCI不是作为评价科学家业绩的工具而产生的! 它曾经是,现在仍然是主要的信息检索工具。因此,第一作者、年份、期刊、卷、页等作为标识符已绰绰有余"[3]。随着计算机技术的发展和日益增长的科研评价需求,现在文献计量数据库已包含所有作者,从而使科研评价成为可能(也更容易)。

科学史家和科学社会学家的工具

从起源上看,SCI被认为是科学史家和科学社会学家潜在的有用资源,1963年发布之前,加菲尔德已经获得了科学社会学之父罗伯特·金·默顿(Robert King Merton)以及科学社会学家和文献计量学的伟大推动者普赖斯的支持。加菲尔德本人对科学史非常感兴趣,他的整个学术生涯都致力于开发引文网络的智能化计算机程序[4]。1981年,基于对科学史的兴趣,加菲尔德及其公司推动了1920—1929年期间《物理学引文索引》(*Physics Citation Index*)的发展,这也得益于美国国家科学基金会的资助。该引文索引由亨利·斯摩(Henry Small)负责监管,他是受过专门培训的科学史家,随后担任 ISI 研究主任。这一特殊的引文索引包括了量子力学的发展时期,从而使科研人员首次从文献计量学的角度对重大科学革命开展了细致研究[5]。历史学家对于使用引文索引的兴趣最终使汤森路透建立了回溯数据库 SCI 和 SSCI,收录了 1900 年以来主要的科学期刊[6]。20 世纪 70 年代,科学社会学对引文数据的广泛使用引起了对这项指标局限性的密切关注。20 世纪 90 年代,引文已成为评价过程的一部分,科学家再次重申了这些局限性[7]。

多年来,文献计量研究确立了集出版物、参考文献、被引频次为一体的综合属性,这些属性对构建有效的指标至关重要,而指标则被用来从不同尺度衡量科学的变化。首先,需要重点关注的是,论文的被引频次取决于论文包含的参考文献数量,而且这种引用在不同学科之间有较大的差异。很明显,同等条件下,参考文献越多,被引用的机会就越大。在人均论文数量不变的情况下,被引频次也取决于学术共同体的规模。即使这样一个简化的模型,也足以再现我们在 20 世纪观察到的引用模式[8]。今天,数据显示,每篇论文的参考文献随着时间的推移都有了显著增加,这反映了科研人员、论文发表数量的指数型增长以及论文引用倍增的压力[见图 2.3(a)]。尽管科研人员的科研生产力并没有显著提升,每篇论文的平均被引频次却随时间逐渐增加[见图 2.3(b)][9],这表明被引频次的绝对值并不取决于自身,也不取决于与其他学科相比较的结果,而总是与科研人员在特定时间内在特定学科的实践相关。另外,生物医学领域被引频次最高,人文学科领域被引频次最低,产生这一现象的原因并不是二者具有不同的"科学影响力",而主要是这些领域具有不同的引用文化。

同时也可以发现,论文作者自引的比例一般较低(约 8%),而期刊自引比例则较高(约 20%),这是可以理解的。总之,与论文的

（a）1900～2014 年不同学科领域论文平均参考文献数量增长趋势（来源：WoS）

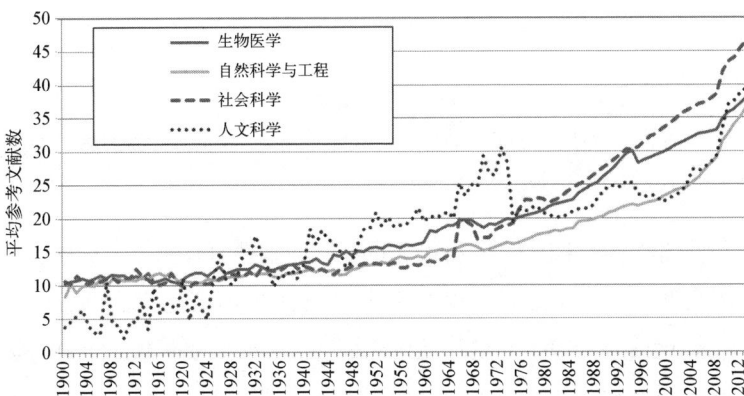

（b）1900～2012 年不同学科领域论文平均被引频次（论文发表两年后）增长趋势（来源：WoS）

图2.3

数量类似，引文的分布是高度倾斜的[10]。如图 2.4 所示，对大多数科研人员而言，论文、引用、科研经费的分布被称为帕累托分布（Pareto distributions），它是 aX^{-y} 形式的幂定律，其中，洛特卡定律（前一章已提到）是一种 $y=2$ 的特殊偏态分布[11]。这些分布并没有偏离 20/80 经验法则：约 20% 的科研人员通常获得 80% 的引用和科研经费。出版物的集中度相对较低，约 20% 的科研人员发表了约 60% 的论文。

当人们注意到他们更依赖论文,而不是科学认可机制的时候,引文和科研经费的高度集中也变得合理了。科学认可机制将受到"马太效应"(Matthew effect)这一社会现象的影响,即已经获得一定学术荣誉的人将获得更多的学术荣誉,从而加剧了学术不平等现象[12]。

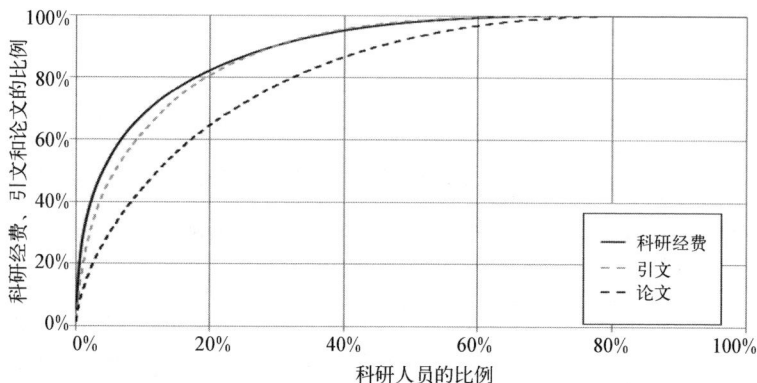

图 2.4　加拿大魁北克一组科研人员的科研经费、论文、引文的分布

来源: Observatoire des Sciences et des Technologies.

　　20 世纪 60 年代中期,科研人员开始探索被引频次与表征科研人员的各种社会变量之间的相关性,以确定影响科研生产力和影响力的决定性因素。1966 年的一项研究证实,科研人员的智商(IQ)与被引频次没有相关性。然而,专家小组制定的声誉量表测量表明,引用水平与博士学位授予机构的声誉相关[13]。通过研究 1961 年的 SCI,加菲尔德得出如下结论: 1962 年和 1963 年诺贝尔奖得主的被引频次比所有科研人员的平均值高出 30 倍[14]。后来进一步的研究证实,科研人员的被引频次、科研生产力与科研人员总体上的被认可程度之间具有相关性[15]。

　　总之,由于 WoS 数据库(以及最近的 Scopus 数据库)收录了很长一段时间的研究成果,尽管各知识领域之间并不均衡,但它为科研人员研究若干学科领域和纵览 20 世纪全球范围内科学的社会层面和概念层面的变化提供了一个独特的工具。如图 2.5 所示,人们可以从历史、社会、经济、政治等角度,以及从微观(个体)到宏观(国家或世界)的不同层面,来分析科学的发展。

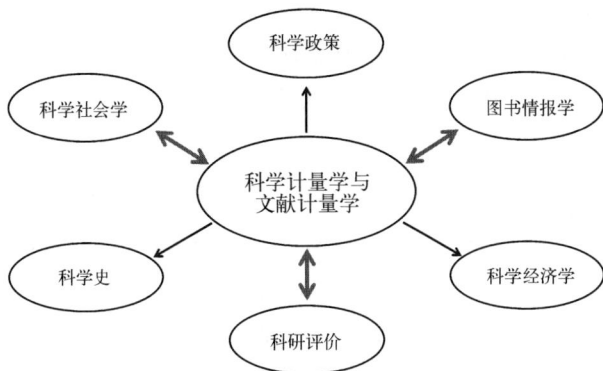

图 2.5 文献计量学的主要应用领域

不同维度的计量

在最基本的层面上,文献计量包括计算文献数量。在不同维度上的计算依赖于文献或数据库中所包含的不同类型的信息。许多科学期刊在作者署名上仅使用首字母和姓氏,因此在计算科研人员论文数的时候会涉及作者姓氏的同形同音异义词的难题[16]。更糟糕的是,文献往往只标注了第一作者的姓名,这将很难计算由多位作者合作完成论文中非第一作者的被引频次。幸运的是,大多数期刊都包含了作者所属机构和国别,这使得在更大范围内分析科研生产力和影响力变得可行,比如在机构(医院、实验室、大学、工业部门)和国家层面。虽然大学的院系并不总是被标注出来,但是论文所属的学科、专业可以通过专业期刊所属的领域(如数学或遗传学)推断出来,不过这并不包括像《自然》和《科学》这种覆盖多个领域的综合期刊。

标题或摘要中的关键词也可以用来反映论文的研究内容。这些简单的计量操作可以为不同机构、不同国家、不同研究领域的发展提供一幅清晰的图景，进而帮助我们了解科学结构及其动态等诸多方面。

正如上一章所说，20 世纪 60 年代初 SCI 出现之前，一些科学家已经开始探索他们所在学科领域内出版物数量的演变。1935 年，农业领域科研人员甚至提出了一个简单的数学模型用来研究植物固态氮方面出版物的生长曲线，随后新的发现又不断涌现，最终形成了一个从增长到饱和的逻辑曲线[17]。在机构层面，来自纽约通用电气研究实验室（The General Electric Research Laboratory）的科研人员表明，对出版物进行分析是一种很有效的方法，可以用来识别某一研究领域中最活跃的实验室，或者评价工业实验室正在开展的基础研究的水平[18]。

尽管这些早期工作非常耗费人力，而且涉及的研究领域有限，但是证实了科学计量分析的价值。虽然常常不均衡，但是现在以计算机为基础的文献计量研究可以迅速分析大多数国家的所有学科领域[19]。考虑到不同数据库的固有偏差，分析一个国家、地区、机构科研生产力的演变为研究某一领域的增长或衰落提供了重要信息，这些信息在其他条件下是无法获取的。事实上，任何一位科学家，无论在其所属研究领域多么卓越，在没有文献计量数据的情况下，他都无法获取全球的研究结构。文献计量数据为科学家追踪研究领域的趋势及新研究领域的诞生提供了必要的计量指标。如图 2.6 所示，在"金砖四国"（巴西、俄罗斯、印度和中国）中，中国的科研生产力在 20 世纪 90 年代后期迅速增长。简单的文献计量数据也证实，苏联解体以后，俄罗斯科研生产力在 20 世纪 90 年代早期迅速衰落，但是又在 21 世纪初崛起[20]。我们可以为一些领域（如物理、化学、医学、工程专业）提供类似的数据，并定义专业指数（Specialty Index）来衡量某一国家在某一特定研究领域的相对位置[21]。一旦有了各国的数据,就可以与一些经济变量建立相关关系,如国内生产总值(Gross Domestic Product,GDP)。正如可以预期的那样,一个国家的出版物总数(以及专利总数[22])是与其GDP(GDP是表示科学发展与经济发展息息相关的标志)密切相关的[23]。

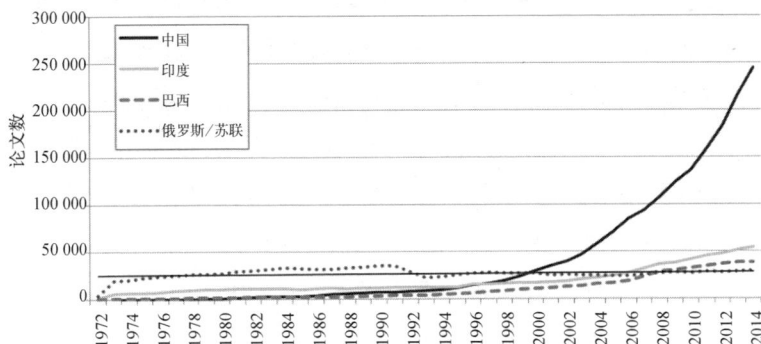

图2.6　1972—2014年"金砖四国"出版物数量的演变(来源: WoS)

学 科 差 异

通过分析科学出版物中所包含的信息,文献计量学可以追踪20世纪研究实践的变化和学科间的差异。科学共同体通常将研究领域划分为科学、技术、工程、数学、人文与社会科学等。但是,对科学论文所包含的参考文献的性质进行计量分析,面对的是四个完全不同的学术领域,而不是两个。例如,生物医学研究领域的表现与科学和工程研究领域的表现有所不同。尽管人文与社会科学领域通常被划归入同一研究领域,但由于不同的学术传统,其内部分别有独特的引用惯例。因此,人文学科领域的参考文献,几乎四分之三引自著作,而非期刊论文,长期以来该比例都保持相对稳定。相比之下,经济学在过去40年对著作的引用比例逐步下降,从55%下降到30%。这一趋势是可以理解的,因为经济学家倾向于效仿自然科学领域的做法。

自然科学领域 80% 以上的参考文献源自期刊论文，引用著作的频率较低，好像著作不如论文那么科学。有趣的是，社会科学处在自然科学和人文学科之间，并且引用学术论文的频率与引用著作的频率相近[24]。

尽管通常只是描述性的，但文献计量数据清楚地表明不同学科领域的成果发表完全不同。因此，以专业期刊论文为基础的单一评价模式是危险的。著作及著作章节在人文与社会科学领域仍然重要，就像第三章将表明的那样，著作及著作章节在一些经常使用简单的计量指标的评价者眼中往往会失去价值，如"影响因子"等这类简单指标仅适用于期刊而不是著作。因此，评价指标应与学科实践相适应，反之亦然。

成果发表往往会不断变化，以便去适应评价中使用的指标。因此，人文与社会科学领域的学者不得不去发表更多的论文而不是出版著作或撰写著作章节，后者需要更长的时间才会被引用且没有影响因子。有趣的是，在社会科学领域，选择出版著作还是发表论文会受到一些社会变量的影响，如聘用和培训机构。例如，在美国的大学里，私立大学的社会学学者专注于出版著作，而公立大学的社会学学者更倾向于发表期刊论文[25]。正如引文分析所示，由于对以引用为基础的评价指标的性质存在误解，一些不合适的标准被强加于一些学科领域的科研人员。因此，了解人文与社会科学领域成果发表之间的差异对鉴别那些不合适的评价标准是非常有用的。

研究的团队化与国际化

主要学科领域的篇均论文作者数（见图 2.7）和合作论文比例（见图 2.8）在 20 世纪的变化提供了一个能够揭示整个 20 世纪科学研究团队化的简单指标。例如，在自然科学领域，化学很快变成了一个以团队为基础的学科，而数学仍然像人文学科一样仍然以个体工作为基础。尽管数学仍然是一门单打独斗的学科，但也受到团体研究(collective research)的影响。如图2.9所示,超过50%的数学论文是由至少两位作者共同撰写。每个学科被分解为具有不同合作实践的专业。例如,实验者通常比理论研究者拥有更大的合作团队。即使如此,仍可以看出总的趋势是团体研究的增长,甚至在以作者独立发表为优势的人文学科中,为了应对过去10年团体研究的压力,至少包含两位作者的论文比例现在已超过13%。

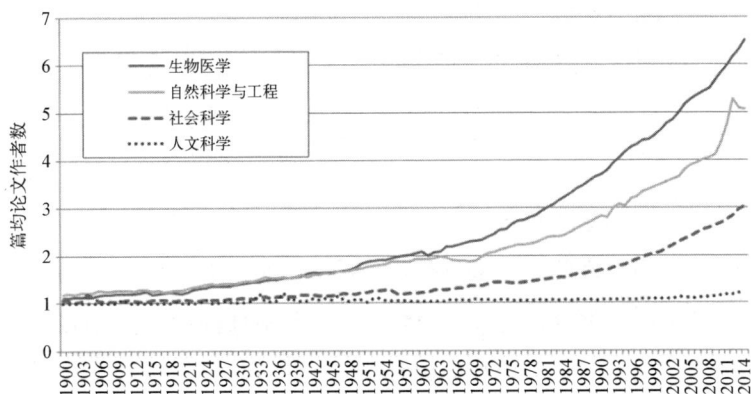

图2.7　1900~2014年主要学科领域篇均论文作者数(来源: WoS)

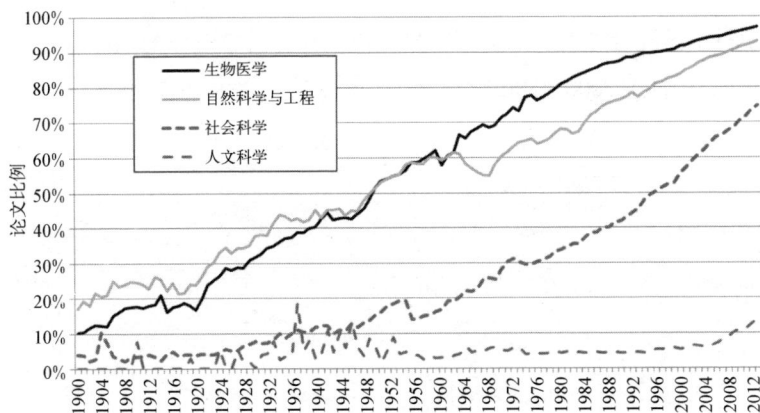

图2.8　1900~2014年主要学科领域多位作者的合作论文比例

来源: WoS.

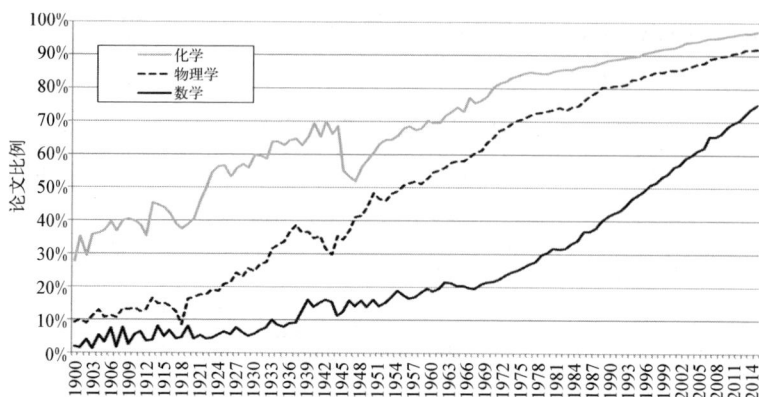

图 2.9 1900~2014 年在化学、数学、物理学领域中
多位作者的合作论文比例(来源: WoS)

在目标和范围上,科学一直都是国际化的,而文献计量数据能够
使我们以更精确的方式来追踪这一趋势。20 世纪 70 年代末以来,
WoS 数据库系统地收录了所有作者的完整地址,因此可以通过测量
涉及多个国家的论文比例来衡量国际合作的发展。图 2.10 展示了自
1980 年以来四个主要学科领域国际合作的增长情况,可见国际合作
的论文比例在稳步上升。自 20 世纪 90 年代初,自然科学和生物医
学科学国际合作发展的速度明显加快。社会科学领域的国际合作也
在增长,且于 2000 年初增长较快;人文学科则在 10 年后跟进。

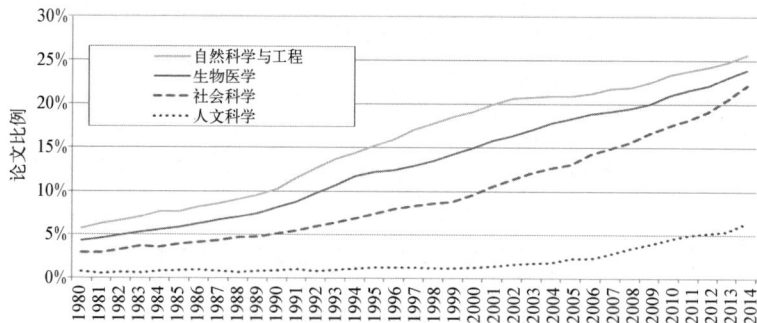

图 2.10 1980~2014 年主要学科领域国际合作论文的比例(来源: WoS)

　　通过文献计量学来评价人文学科领域国际合作的最新进展,首先可以解释的情况是:直到 21 世纪初,有些领域(如历史、哲学和文学)的绝大多数论文都只有一位作者(见图 2.8)。很明显,在这种情况下,这一指标丧失了测量"国际化"的有效性,因为它基于如下前提:一篇论文中至少出现两个以上不同国家的地址,才能被界定为国际合作。明显的事实提醒我们,忽视一个指标的建构方式可能会导致错误的结论,如由于国际合作论文所占比例较低,所以人文学科不是国际化的。在人文学科领域,国际化应该用其他指标来衡量,如参加国际会议、出访或来访的国外学者等。

　　相比之下,在自然科学领域,大多数论文是由多位作者合作而成。因此,这一基于出版物的指标是评价科学研究国际化的一个很好的标准。这些结果清楚地表明,在讨论科学研究国际化和全球化之前,国际合作就已经开始增长,尽管全球化最近也受到了旨在增加国际交流与合作的具体项目的刺激,但这一增长趋势首先是由科学发展的内部动态引起的[26]。危险在于将自然科学领域测量标准应用到人文学科,就好像科学是一个普遍的、自然概念,但事实显然并非如此。

科 学 网 络

　　科学计量学远不限于对出版物的简单计量,还可以建立在更复杂的计量工具之上,比如表现科研合作模式和学科之间关系的网络分析。因此,人们可以真实地绘制不同国家或机构之间的关系图,也可以在认知层面上绘制不同研究领域之间的关系图。这些测量工具利用了论文中所包含的全体作者的地址信息。因此,当一篇论文中至少有两位作者分别在不同国家工作时,可以确定国家之间的联系。举例来说,图 2.11 显示了 2000~2005 年科学生产领先的 50 个国家间的国际科研合作网络,它清楚地表明最具生产力的国家之间具有非常密切的科研合作关系(如美国、德国、英国、法国),这些国家被更多的边缘国家所包围,但这些边缘国家之间的科研合作网络并不那么多样化。结合国家和学科,可以分析国家科研合作模式在学科之间的差异,如这一合作关系如果在物理学领域很高,在遗传学领域很低,则可以确定国家之间的战略关系。另外,在微观上还可以绘制同一国家不同机构之间的科研合作网络以获得机构之间合作的情况。

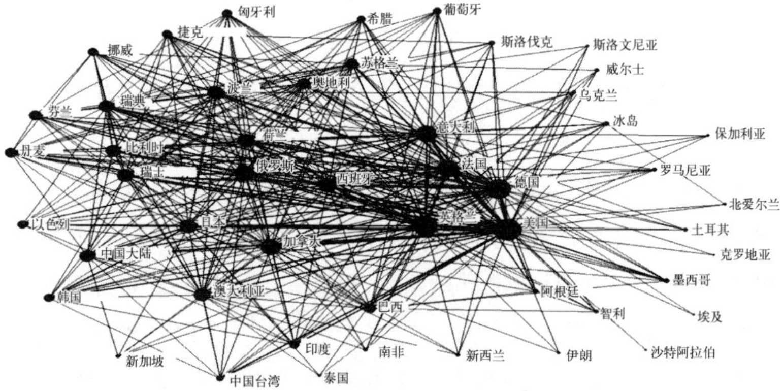

图 2.11   科学生产率最高的 50 个国家之间的
国际科学合作网络(2000~2005 年)

注:网点的直径与论文数量成正比,各国之间的合作只有超过 500 的情况下才显示连接。

如果在一个连续的时间段内绘制国家之间的合作网络,可以发现合作密度越来越大。不仅国际合作出版物的比例在增加,而且 20 世纪 80 年代以来,与某一国家合作的国家数量也显著增加,从而创建了一个更加紧密的国际科研合作网络。

在过去 20 年里,有关"跨学科"的论述被广为传播。文献计量学可以揭示学科之间的动态关系,并衡量其对外界的相对开放程度。尽管学科界限从来都不是不可渗透的,但科学家倾向于首先参照自己所属的学科。衡量两个学科领域相互交流的一个简单方法就是分析引用和被引用期刊之间的互引网络结构[27]。对于任何给定的网络,人们都可以计算不同节点的中心性(*centrality*),从而为界定"中心与边缘"概念提供一个可用的操作性定义。通过定量分析一个国家或一本期刊中心性随着时间发生的变化,人们可以在全球科学领域里探索前行。比如,将该方法应用于 1900~1945 年的物理学领域。结果表明,虽然德国的物理学期刊《物理学年鉴》(*Annalen der Physik*)因发表了爱因斯坦最著名的论文使德国在 1900~1925 年成为物理学真正的中心,但是在接下来的 20 年中,它被美国的物理学期刊《物理评论》(*Physical Review*)取代[28]。对科学动态的文献计量检测也揭示了纳米和生物技术等新研究领域的出现。使用论文中包含的关键词(从全文、摘要、标题中提取),科研人员和专门从事科学与技术信息的公司能够在他们感兴趣的领域内识别出最新的研究与发现[29]。

最后,引文分析可以用来揭示论文之间的概念联系。如果两篇论文的参考文献有很大比例的重合,那么它们很可能在研究同一个问题。这种直觉的背后是一种被称为"文献耦合"的方法。这种方法是由迈克尔·凯斯勒(Michael Kessler)在 20 世纪 60 年代最先开发的,可用于自动查找相关的文献[30]。10 年后,亨利·斯摩(Henry Small)发明了一种叫"共被引分析"的方法,将在论文中经常被引用的两篇文献联系起来[31]。如图 2.12 所示,这两种方法是互补的,通过构建域和子域之间形成相互联系(或缺失)的概念网络图,从而使相对不同的子域变得可见。因此,我们可以通过使用这种"共同体检测技术"(community detection techniques)来自动识别整个学科领域中相对独立的学科以及学科内的不同专业[32]。

在过去的 10 年中,很多研究都致力于揭示学科之间的联系[33]。弗朗西斯·培根(Francis Bacon)、奥古斯特·康德(Auguste Comte)等哲学家认为,大多数研究表明科学的层次结构并非线性;而瑞士心

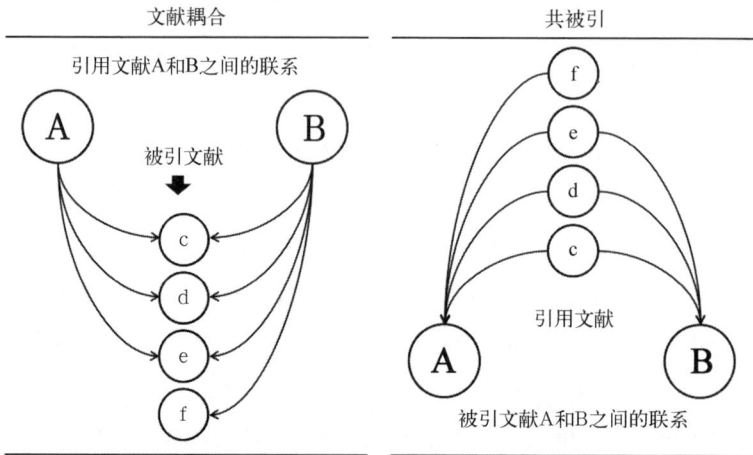

图 2.12　与文献相关的计量方法：　文献耦合指的是文献 A 和 B 使用相同的参考文献 (c、d、e)；共被引指的是文献 A 和 B 同时被其他文献(c、d、e)引用

理学家和认知学家让·皮亚杰（Jean Piaget）等认为科学的层次结构是环形的[34]。实际上，如图 2.13 所示，数学使科学闭合成一个环形结构，因为数学一方面把物理学与心理学联系起来，另一方面又与社会学联系在一起[35]。

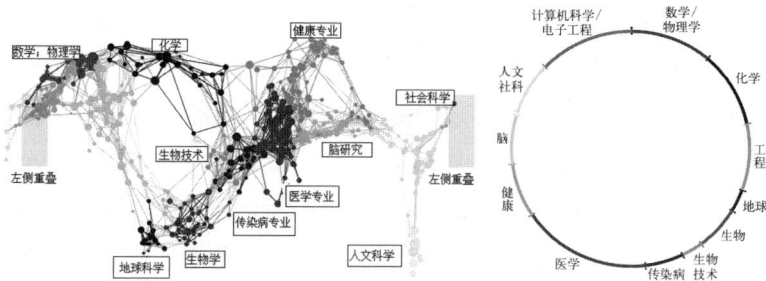

图 2.13　主要科学之间的关系图：　显示了社会科学学科(右)与数学学科(左)之间的循环链接

　　所有这些例子（不一而足）都可以证明，文献计量分析可以很好地被用来深刻理解科学的历史和社会学动态，而这很难通过其他渠道获得。这种分析远远超出了学科偏见、权威观点等。虽然这些观

点经常被使用,但并不能构成科技政策的重要基础。正如最近加拿大科学院理事会(Council of Canadian Academies)一份报告所指出的:尽管文献计量数据可以为人们提供信息,并可以作为决策参考,但它并不能取代人类的决策过程。无论某一指标的数字是多少,它们本身都不能形成任何独立的决策[36]。

有关引用行为的几个神话

在科学家中流传的关于引用行为的许多神话以及人们普遍认同的一些东西其实经不起对数据进行严格的文献计量学分析。举例来说,常被提及的一种情况是,只有4~5年内的论文才会被阅读和引用,论文数量的快速增长也助长了这种只引用最新文献的趋势。但是,有研究通过比较过去30年科研论文中参考文献的平均(或中值)年龄变化,发现参考文献的平均和中值年龄实际上都有所增长[37]。同样,"大多数论文从来未被引用"的观点也是错误的。零被引论文的比例随时间的推移不断减少,尤其是20世纪70年代以后[38]。零被引论文的比例很明显取决于某一特定项目的时间窗口。如果限于两年的时间窗口,社会科学领域零被引论文的比例要明显高于自然科学和生物医学领域,这与不同学科领域论文发表所需的时间相关。然而,如果把观察的时间窗口拉长,例如增加至5~10年,社会科学领域中零被引论文的比例会下降,并与自然科学相当[39]。这些数据提醒我们,论文被引的时间性在学科之间存在很大差异。

反对引用分析的人经常会引用所谓的事实,即错误甚至虚假的成果可能被频繁引用;相反,真正具有创新性的成果可能在一段时间内处于零引用状态。然而,从科学史和科学社会学的角度来看,这并不是问题。对引用的分析可以阐明科学争论和知识传播的动态,使我们能够对理论的接受程度进行表征,而不需要判断是否正确。事实上,这一问题只能由科学共同体自身决定的。以冷核聚变为例,它是由电化学家斯坦利·庞斯(Stanley Pons)和马丁·弗莱斯曼(Martin Fleischmann)于1989年宣布。第二年,即1990年,一份文献计量学研究显示,在宣布他们的"革命性发现"——"核聚变在室温条件下在试管内可实现"。10个月后,52%的引用是负面的,27%的引用是正面的,其余是中性的。有趣的是,正面引用来自试图解释这一现象的理论研究者[40]。对于负面引用,这一比例远高于1968~1972年在《物理评论》上发表的一篇论文中以30篇论文为样本得出的15%的比例[41]。

对一篇论文的引用不多并不代表论文本身质量不高,而仅仅反映了科学家们还没有对这一主题产生兴趣。科学家们可能在很久之后对该主题产生兴趣,并开始引用一篇早期的论文。在文献计量学中,这一现象被称为"睡美人"(Sleeping Beauty)现象[42]。例如,意大利物理学家埃托雷·马约拉纳(Ettore Majorana)在1937年发表了一篇关于任意自旋粒子相对论的论文。这篇论文一直沉睡到20世纪60年代中期,直到在加速器中发现了许多不同旋转的新粒子,科学家们才开始关注这篇论文。马约拉纳的理论在20世纪30年代并没有遇到一个好时机,因为当时已知(世界上)的只有自旋为1/2的质子与电子存在。不过,值得注意的是,马约拉纳在当时并非无名小卒,他在其他方面做出了重要贡献,研究成果被科学家频繁引用[43]。

在科学家中流传的另一个老生常谈是许多重大发现很多年以后才会被引用,像爱因斯坦的发现或DNA结构一样。因此,在批判文献计量学时经常引用的一篇论文中,英国生物学家彼得·劳伦斯(Peter Lawrence)指出,20世纪最重要的论文在发表后的前十年很少被提及[44]。正如文中提到的,詹姆斯·沃特森(James Watson)和弗朗西斯·克里克(Francis Crick)合作撰写的一篇关于DNA结构的论文于1953年发表在《自然》上,然而令人惊叹的是,从科学发现到最终获得诺贝尔奖仅仅间隔 10 年,跟通常发现和获奖之间更长的时间间隔相比,这个时间间隔似乎很短[45]。在这种情况下,这篇论文似乎不太可能被忽视。因此,我对这篇论文在 1953～1970 年间的引用情况进行了详细分析。结果表明,劳伦斯的观点是误用文献计量学而造成的一个谬论,他以对引用数量绝对值的解释为基础,而没有考虑该论文所在期刊的背景和类型。经过更严谨的分析后发现,沃特森和克里克的论文不仅没有被忽视,而且是 1953 年刊登在《自然》上的论文中实际被引最多的一篇,这种状态一直持续到 1970 年。例如,1953～1955 年,它的被引频次是 1953 年《自然》发表的所有论文平均被引频次的 36 倍;1956～1958 年,这一比例上升到平均被引频次的 65 倍以上。可见,《自然》论文的平均被引频次已经远远超过所有生物学期刊。很明显,沃特森和克里克的论文一开始就很引人注目。简而言之,社会学家的直觉是正确的:这些根本的东西在相关科学共同体中并没有被忽视,这一事实在引文数据中得到充分体现[46]。

正如这些例子所表明的(可能还有其他例子)[47],从科学史和科学社会学的角度来分析个别研究者或论文的发表和引用,避免陷入评价和排名的陷阱是可能的[48]。

SCI 对引用行为的影响

随着 SCI 第一卷的出版,许多观察者都清楚地认识到,这个新工具将影响科学家和期刊编辑对引用行为的理解。例如,加菲尔德鼓励期刊编辑和审稿人确保作者合理地引用了相关文献。他坚信,合理的引用将降低在重复研究中浪费时间与金钱的风险[49]。

诺曼·卡普兰(Norman Kaplan)是 20 世纪 60 年代中期第一个撰写引用问题的社会学家。他认为这种自觉性有助于进一步明确引用标准[50]。几百年来,引用是含混不清且不系统的,因此引发了对科学发现优先权的争议。在 17 世纪中期出版的第一批学术期刊中，人们对于先前研究的引用通常是在文中模糊地提及，这种做法是对科学共同体的隐性规则的回应。这些隐性规则敦促作者承认并尊重学术团体其他成员的已有贡献，从而承认并尊重科学发现的优先权。从科学共同体的功能角度来看，引用构成了荣誉分配机制[51]。

引用可以使作者明确自己在研究传统中的地位。长期以来，对引用的使用都未作系统地规范，是非正式的。根据普赖斯的说法，19世纪中期开始，参考文献系统化的使用引起人们的关注[52]。然而，查尔斯·巴兹曼（Charles Bazerman）观察到，在 19 世纪晚期，《物理评论》中仍有超过一半的参考文献未注明日期[53]。但是，引用格式未系统规范的事实并不妨碍审稿人和编辑要求作者在必要时补充参考文献，以确保对以往研究的适当认可。因此，在 18 世纪 60、70 年代，巴黎科学院（Paris Academy of Sciences）出版委员会通常要求作者在某个主题引用以往的研究成果。如该委员会的一名成员皮埃尔·杜桑纳·纳维（Pierre-Toussaint Navier）提交了一篇关于汞在酸中溶解的论文，被委员会要求"补充审稿人意见中提及的引用"。同样，1765 年，委员会也要求著名学者阿贝·诺莱（Abbé Nollet）在他关于小鱼的行为科学研究中引用其以往的研究成果[54]。

SCI 在科学共同体的传播改变了引用行为，论文作者的引用行为越来越自觉，同时也受到了期刊编辑和审稿人更多的监督。在此过程中，所有参考文献的细节被格式化了，要求参考文献清楚标注期刊名、出版年份、作者完整的姓名（而不是姓名首字母缩写）等。在20 世纪 90 年代，文献计量评价的兴起有效激励这些产品的销售公司（汤森路透和爱思唯尔）将越来越多的相关信息收录到他们的数据库中，使其在新的商机中更加具有优势与价值。虽然少数几项数据（如作者姓名、期刊名称、出版年份）能够用来检索论文，但是为了达到评价的目的，使用引文需要更多的信息。

　　引用作为一种用来衡量研究质量和影响力的重要的新指标,在20世纪70年代引发了许多研究,这些研究致力于深刻理解引用行为的决定性因素[55]。大多数科学计量学家都同意,多重动机支配着引用的选择,而且引用具有多种功能。引用可以参考事实、理论、方法和数据来源。因此,人们可以引用著作、专利、论文及其他数据来源。20世纪70年代中期以来,许多分类被提出用来表征不同类型的引用(正面的、负面的、中立的、表面的)及作者引用的动机[56]。尽管引用的理由因人而异,但基本上是引用次数的聚合属性。从这个角度看,各种理由相互抵消,产生了一个聚合函数。换句话说,无论是基于什么原因引用或不引用,这都不会对引用的总体趋势产生实质影响。例如,20世纪20年代,即便有些人会因为意识形态或种族原因而放弃引用,爱因斯坦的理论仍然在物理学界被频繁引用[57]。

　　除了引用行为的多样性外,总体上来看,引用仍然是对研究成果科学影响力的评价,是隐含多种用途的全球显示度(包括修辞学上引用的说服功能)[58]。事实上,科研人员经常引用"经典"文献只是为了表明他们的工作是正统的研究,同时为科研成果增加分量。尽管他们有时并未真正使用所引用的论文,这样做仅仅证实被引用的论文在科学共同体中的重要地位。

　　人们逐渐意识到在引用行为中不断上升的负面影响是自引的增长。尽管除去自引来评价科研人员真实的显示度简单易行,但自引比例其实与许多人认为的相反[59]。自1980年以来,自引比例一直相当稳定[60]。简而言之,自引并不真正存在什么问题,因为它是合理的,即当前研究是建立在以往的研究工作的基础之上。事实上,自引与他引的动机相似[61]。

　　如之前讨论的那样,在许多对引文分析的批评中,有些是合理的,有些是不合理的。在过去20年中,作为对个体和机构层面科研评价扩张的回应,对引文分析的批评势头在许多科学共同体中均有所上升。事实上,批评自引和"同伴"引用在某些情况下是有道理的。出于评价目的,论文和引用从知识与认可的单位转换为可货币化的简单计量单位。因此,现在是时候面对基于文献计量学的科研评价的问题了。

第三章
科研评价的繁荣发展

目前,关于科研评价重要性的讨论很容易让人产生误解,即科研人员从未被评价过。因此,很有必要通过对科研评价(可以追溯到17世纪中叶科学制度化的开端)的认可来消除这种误解。之后,随着与研究相关的新组织机构的出现,科研评价又扩展到其他层次的组织机构中,如实验室、院系、大学等。简而言之,350多年来,对科研人员的评价从未中断过,从事研究职业的人很可能是最常被评价的对象。

因此,科研评价问题与其说是评价本身的问题,不如说是评价的扩张和频率的问题。科研评价使科研人员对同行进行评价的需求不断增长,以至于现在许多科研人员拒绝这些额外的职责来保证从事研究的时间[1]。尽管有些科研人员认为智力工作是不可评价的,但不难发现,同行评价已经在以下各个层面的活动中存在:

(1)出版和学术交流。

(2)科研经费申请。

(3)教学。

(4)晋升。

(5)院系和研究中心。

(6)研究生专业。

(7)大学。

让我们简单回顾一下这些评价工作是如何开展的。

科学出版物的评价

科研评价的起源可以追溯到 1665 年 3 月伦敦皇家学会创建的《哲学汇刊》(*Philosophical Transactions of the Royal Society of London*)，该期刊是由亨利·奥登堡(Henry Oldenburg)创办的，是现代学术期刊的雏形，其内容仅限于科学研究，包括外国科学家的原创论文、再版论文、书评及综述，一开始由学会成员共同审查[2]。1672 年，艾萨克·牛顿(Isaac Newton)向《哲学汇刊》提交的第一篇论文受到了审稿人的批评。评审意见的起草人罗伯特·胡克(Robert Hooke)基于自己在 7 年前发表的光学理论认为牛顿的论文并不太具有原创性，甚至认为牛顿的结论是错误的，因为牛顿的这篇论文完全忽视了胡克的光学理论。当然，这份评价意见并不被牛顿所接受，他决定拒绝向该期刊投稿[3]。

长期以来，科研评价局限于科学共同体内部的同事和竞争对手对出版物的同行评价。早期期刊是综合性的，包括了所有学科领域，但在 19 世纪变得更专业化，仅包括了特定的学科(如化学、数学、物理学)和专业(如光学或病毒学)，以满足同一学科特定从业者的需求[4]。

直到 20 世纪初，同行评价制度仍然是非正式的，主编和编辑委员会决定他们是否具备评价论文所需要的专业知识，或将其发送给同行做进一步的评价。退稿率一般很低。根据马克斯·普朗克(Max Planck)的统计，提交到《物理学年鉴》(20 世纪初物理学领域的权威期刊)的论文，仅有不到 10% 的退稿。作为主编，他更倾向于要求作者修改而不是拒稿[5]。

这项非正式制度发展缓慢，其标志性事件发生在 1936 年。这一年,阿尔伯特·爱因斯坦向美国《物理评论》期刊提交了一篇论文。这篇论文被期刊交给一位匿名审稿人,这位审稿人在意见书中指出,爱因斯坦的计算有误。可能爱因斯坦习惯于自己的论文被期刊快速录用,这令他感到惊讶和愤怒。收到这份负面的修改意见后,爱因斯坦回应道,他从未授权编辑在发表前向任何人展示他的论文,也无须回应这位匿名审稿人的错误言论。在给期刊编辑的回信中,他写道,他会撤回论文。很显然,爱因斯坦忽略了科学期刊的运作模式,相较于他搬到美国之前发表论文的大多数欧洲期刊,这种模式更正式。然而,爱因斯坦终究还是将这些负面评论考虑在内,第二年他在另一本期刊上发表了这篇论文的修改版[6]。这提醒我们,由于科学出版物严格的同行评价过程,有瑕疵的研究结果必须撤销或加以纠正,从而也避免了爱因斯坦这样一位伟大的科学家因发表研究结果有误的论文而颜面尽失。

科研项目和实验室评价

20 世纪,政府对科研的资助在大多数国家已经制度化,同行评价程序也被用来筛选科研资助申请并选出那些值得资助的项目。例如,1901 年法国设立了科学研究基金来资助科研人员。1916 年加拿大国家研究委员会(National Research Council of Canada)开始向提交科研项目的高校科研人员分配科研经费[7]。1950 年美国联邦政府创立了美国国家科学基金会,为以前主要依靠私人慈善基金而不是政府资助的美国科学家提供经费[8]。除了私人慈善基金会外,大多数国家还有一些类似的组织,如各研究领域组建同行评价委员会,资助短期研究项目(通常持续 3~5 年)以促进知识进步,而不是长期资助研究机构。

在这些资助机构中,通常采用 10~20 位委员会成员面对面交换

038 大学的新衣?——对基于文献计量学的科研评价的反思

意见的形式进行评价,以外部评审专家的意见为基础。长期以来,这些评价一直是非正式和非标准化的,专家们聚在一起交流的动力源于在最佳项目的选择上达成共识。正如社会学家乔纳森·科尔(Jonathan Cole)和斯蒂夫·科尔(Stephen Cole)所说,这个系统有很大的随机性,不同专家构成的小组对同一项目可能会作出不同的评价[9]。评价委员会成员使用的标准也因学科不同而存在很大差异。如果他们在任何方面都是一致的,那么他们的标准就是模糊不清的:一位评价委员会成员认为是"令人兴奋的""原创的",可能会被另一位评价委员会成员认为是"逻辑性差的""方法论薄弱的"[10]。

为了降低评价明显的主观性,更多正式和定量的措施被逐步采用,这些措施允许评价委员会成员以计算个体评分为基础,从而构建集体评价和排名。尽管表面上看似与之前不同,但是这种所谓的算法并没有改变的事实是:选择"2.5"而不是"4.0"仍然是未经分析的主观选择。这种伪量化的判断,迫使评价者用"3"代替"优秀"或用"1.5"代替"很差",但这种判断根本上仍然是主观性的,只是将主观性隐藏在客观的数字背后[11]。

这种转变最重要的影响是使评价委员会得出的各种结果之间具有可比性。数字可以通过多种方式结合在一起从而计算出"平均值",并确定"方差",把注意力集中在那些明显偏离"平均值"的评价上,可以解释为"共识"。如果所有委员的评分都是"2",则他们在该项目上达成高度共识;如果与另一"平均值"为"3.5"的项目相比,该项目则就会被淘汰。尽管同一分数背后,每位评价者其实都可以根据不同的主观标准作出判断,但这些数字使决策变得更加容易。因此,该模型仍是基于集体审议(collective deliberations),通过达成共识(或至少是多数一致)以选择最佳项目。量化评价是一种控制意见交换并集中精力更快地向集体决策靠拢的方法。

在非正式的同行评价制度受到越来越多批评的背景下,文献计量方法开始应用于科研评价中。20世纪70年代中期,美国国家科学基金会使用引文分析来检验同行评价过程是否真的能够甄选出最优秀的科研人员。一项根据被引频次来定义研究质量的研究表明,在化学领域,美国国家科学基金会超过80%的资金是用于资助在过去五年中平均被引频次超过60次的科研人员。在获得大量资助的四个部门中,科研人员在同一时期平均被引用约400次。这些研究结果被用来反驳那些声称同行评价过程存在根本缺陷的批评者[12]。此后,这种文献计量分析被应用于评价大学、院系、研究团队,并且常常见诸《科学计量学》和《科研评价》等期刊[13]。

教授和科研人员通常是院系、实验室或研究团队的成员。在20世纪80年代,他们所在机构的研究水平也成为文献计量评价的对象。通过使用出版物和引用指标对某一领域或基于共同研究对象而开展合作的院系或实验室进行对比分析,使绩效和生产力评价成为可能。这种评价以所选单位全体成员的汇总数据为基础。每位研究者的论文数量以及考虑领域差异的引用标准化措施都可以提供有用信息,其结果比评价个体更稳定[14]。尽管总体引用数据很显然是有用的指标,但用来评价个体科研人员是有问题的,本章后续会讨论这一点。

21世纪的前10年,文献计量技术和数据库的广泛传播推动了许多学科自主分析的成倍增长,这是基于对出版物和引用的描述性分析而得出的研究结果。文献计量的研究结果开始发表在不同学科领域的期刊上,如经济学、社会学、政治学、医学、管理学等,而不是像过去几十年一样发表在专业的文献计量学、信息科学和科研评价的期刊上。文献计量学的民主化很大程度上使许多论文质量堪忧,这些论文并不是由文献计量学领域的同行进行评审,而是仅由学科领域内的同行进行评审。因此,开展重复研究的科学家们并没有听从尤金·加菲尔德的建议,即在研究之前检索相关研究文献,以至于忽略了那些已经积累起来的大量知识[15]。

对个体科研人员的评价

另一个层面的评价是对科研人员的评价。自 1810 年柏林大学创建以来,研究型大学在大多数国家已经占据主导地位,教授们负责培养具有博士和博士后水平的未来科研人员。聘用机构在做出新教师聘任或晋升的决策之前会征求外部专家的意见,同行评价是评价科研人员的基本机制,这些同行对候选人所取得成就的价值和原创性可以做出综合和定性的判断。任职后,评价往往不太频繁,其性质因国家和机构而异[16]。20 世纪 70 年代,当文献计量学开始被用于评价个体科研人员时,情况再次发生了变化。

在 SCI 诞生之时,使用文献计量数据来评价个体科研人员的问题就被提出来了,加菲尔德本人立即做出了回应。他坚持认为将诺贝尔奖授予那些年度被引频次最高的作者的做法是荒谬的,并补充道,如果仅仅根据引文分析,特罗菲姆·李森科(Trofim Lysenko)(一位俄罗斯生物学家,在 20 世纪 40、50 年代提出了习得性遗传理论)可以被认为是 20 世纪 50 年代最伟大的科学家之一[17]。加菲尔德认为,引用可以让我们了解发表论文及引用论文的科研人员,从而帮助我们做出判断。引用的绝对值不能取代这种判断,还必须考虑到其他变量,因为根据已发表论文的性质,被引情况会有所不同。一篇描述方法或程序的论文通常比一篇对知识进步有代表性贡献的论文获得更多的引用,而且会持续更长时间。一篇关于某一学科的知识概况的综述论文,也往往比描述某一特定发现的论文更常被引用。

加菲尔德作为积极的推广者,声称引文分析可以预测未来的诺贝尔奖得主[18]。这显然是夸大其词,因为尽管汤森路透每年都会通过做这种预测来推广 WoS,但这种预测是不现实的。他们没有考虑以下事实：诺贝尔奖委员会必须权衡某一学科中专业研究的多样性，不能简单地根据引文将天体物理学的发现与基本粒子物理学或固态物理学的理论进行比较。因此，战略因素对最终获得诺贝尔奖有巨大的促进作用。此外，与每年颁发的少量诺贝尔奖相比，高被引学者的数量会更多[19]。

对加菲尔德来说，显然任何工具都可能偏离其合法用途，这是由于"科学共同体为了防止对 SCI 的滥用而对其合法性予以必要的关注"[20]。这与期刊影响因子在创建之初被作为一个图书馆遴选期刊的工具但后来情况发生变化一样。在没有任何批判性反思的前提下，期刊影响因子这一指标从遴选期刊的工具转变为评价科研人员及其论文的工具。尽管早期就有人呼吁要警惕文献计量指标的滥用，但几乎没有人遵守。20 世纪 70 年代文献计量学逐渐被用于评价个体科研人员。

正如社会心理学家珍妮特·巴维拉斯(Janet Bavelas)所指出的，20 世纪 60 年代后，科学共同体发生了变化，使早期基于个人关系(如校友关系)和院长或系主任单一权力主体的聘任方式不再可行[21]。对民主、客观、不随意化的评价体系的追求，与 SCI 的有效性相吻合。1965~1975 年间，教授和科研人员数量迅速增长，申请人数量的增多增加了评价难度，使评价者并不能完全了解申请人。此外，数字具有客观性，把引用作为评价质量的客观指标也符合这一客观性要求[22]。

1975 年 5 月，《科学》发表了一份长篇报告，分析了使用引文来评价个体科研人员科研生产力的兴起。为了反驳不公平的解雇，一位生物化学教授基于她的论文被引情况指出，她的被引次数高于同期晋升的男同事[23]。这个例子表明，引用作为衡量研究"质量"或"影响"的标准，不仅可以作为科学管理者的工具，而且当结果有利的时候，它也可以成为科研人员使用的武器。正如我们现在所看到的那样，在过去 10 年中，随着像谷歌学术这样更易获取的引文数据库的出现,科学家们在他们的简历中列出论文被引频次和"h 指数"(将在下一节讨论)已成为普遍现象,即使这些指标的价值非常令人质疑,甚至扭曲了评价和聘任过程。

h 指数的爆发

在 2005 年前后,当科学共同体开始编制文献计量指标以使对个体科研人员的评价变得更加客观时,美国加利福尼亚大学圣地亚哥分校(University of California at San Diego)的物理学家乔治·赫希(Jorge E. Hirsch)建立了 h 指数。该指数被定义为一位学者发表的 N 篇论文,每篇论文至少被引 N 次。例如,一位学者发表了 20 篇论文,其中有 10 篇自发表以来每篇至少被引 10 次,则它的 h 指数是 10。h 指数的随意性在这篇论文的标题中已经明显体现出来:"一个量化个体科研产出的指标(An Index to Quantify an Individual's Scientific Research Output)[24]。"尽管该论文发表在《美国国家科学院院刊》(*Proceedings of the National Academy of Sciences*)上被认为水平很高,但 h 指数既不能用来衡量数量(产出),也不能用来衡量质量和影响力,相反,它是数量、质量和影响力的综合,将论文数量和被引频次结合在一起。

h 指数反对在科研人员评价中完全依赖论文数量,因为生产力指标并没有考虑论文的质量。根据当下流行的说法,发表大量的低质量论文很容易,因此在科研评价过程中应该纠正完全依赖论文数量的倾向,要将质量考虑在内。据称,h 指数提供了一种综合解决方案,用一个数字将数量和质量结合在一起。然而问题很快出现了,h 指数本身与已发表的论文总数密切相关,因此并不能真正用于评价质量,更不能体现生产力[25]。更重要的是,它不具备任何一个有效指标应该具备的基本属性(将在第 4 章中讨论)。最后,有证据表明,

h 指数通过按比例增长的被引频次来对科研人员进行排名是没有逻辑的。此外,它的值永远不会下降,这无疑是一个奇怪的属性。虽然 h 指数被认为是衡量质量的有效标准,但它实际上就像一个温度计,如果在某一天它测量的温度是 20 度,那么在随后的日子,不管实际温度如何,它测量出的温度都高于 20 度。因此,可以得出结论,用沃尔特曼(Waltman)和范艾克(Van Eck)的话来说,h 指数"不能被认为是评价科学家整体科学影响力的合适指标"[26]。

在参与决策时,h 指数实际上是非常有害的,因为它可能会带来负面影响。举一个简单的例子就足以证明它作为评价指标的本质缺陷。比较以下两种情况:一名年轻的科研人员在过去的 5 年里只发表了 3 篇论文,在接下来的 3 年中,每篇论文被引 60 次。另一名同龄的科研人员更高产,在过去的 5 年里发表了 10 篇论文,每篇被引 11 次。于是,第一位科研人员的 h 指数是 3,第二位科研人员的 h 指数是 10。由于概念(此处为"质量")应该是单调递增或递减的形式,因此,人们得出结论: 10 比 3 好得多。根据对科研影响力和质量的共同直觉,可以得出如下结论: 3 篇论文被引用 60 次的科研人员是更好的研究者(显示度更高,影响力更大)。然而,要得出这一结论,必须比较两种截然不同的指标,进而区分两种不同的事物即论文数量(作为生产力的测量标准)和被引频次(作为论文显示度的测量标准)。实际上,应考虑到不同研究领域的差异性,将每篇论文被引频次的平均值和中位数归一化处理,提供一个明确的、合适的质量指标[27]。相比之下,使用 h 指数可能导致错误的结果。

尽管存在这些技术缺陷,但 h 指数已经在很多学科中被广泛使用,它似乎是为了满足科研人员的自我欣赏而量身定制的[28]。h 指数的快速传播也是因为现在它是许多数据库中的"黑匣子",为用户提供了一个不需要经过任何反思和努力就能得到的数字。科学家都接受过一定的数学训练,但在面对如此过分简化的数字时,却失去了一切批判意识,这无疑令人非常惊讶。他们的行为印证了一句有关社会法则的谚语:"有数字总好过没数字"。

根据乔治·赫希的说法,h 指数促进了"更民主地评价科研人员的研究"[29]。相反,事实表明,如果忽视一个指标的有效性条件,这种所谓的"民主"将很快转变为"评价的平民主义",在这种情况下,每个人都会向竞争对手抛出数字,以表明他们没有想象的那么好。国际数学联盟(International Mathematical Union)委员会对文献计量学的过度使用做出了反应,指出:"如果一个人在看病时咨询医生,那么,进行统计的时候就应该咨询统计学家[30]"。他们的报告显示,几十年前科学计量学专家就已知晓文献计量学数据的常规属性和局限性,因此建议使用文献计量学的科学家(包括数学家)应该向文献计量学专家咨询。

期刊影响因子的误用

在科研评价中使用引文数据带来的最大问题可能是反映期刊引文影响力的指标被用来评价论文的水平。科学期刊已经成为一个非常有利可图且竞争激烈的市场。期刊使用影响因子作为推广工具,说服作者提交他们水平最高的论文,并向图书馆出售订阅服务。20世纪 90 年代末以来,影响因子不仅被视为衡量期刊质量的指标,而且还被误认为是衡量论文质量的标准。但是,正如在本章后面将要看到的,对影响因子的日益关注导致了一种丑陋的行为,即试图干扰科学家的引用行为来提高期刊影响因子。要理解一个简单的指标是如何导致了这种极端行为,首先要回顾一下期刊影响因子的发明。

1975 年以来,汤森路透每年根据 WoS 的数据发布《期刊引证报告》(Journal Citation Reports),期刊在某一年度的影响因子(IF)是某期刊前两年发表的论文于该年度获得的总被引频次除以该期刊在这两年内发表的论文总数。因此,影响因子用来表征期刊,而不是论文[31]。例如,某一期刊 2006 年度的影响因子是该期刊在 2004 年和 2005 年发表的所有论文在 2006 年的总被引频次除以该期刊这两年发表的论文总数。

当然,选择两年的短时间窗口来评价影响力有可能会产生不良后果。毫无疑问,它会给自然科学期刊带来高影响因子,而给社会科学期刊带来低影响因子。这种差别在很大程度上是由所选择的时间窗口导致的,因为社会科学研究通常比自然和生物医学研究的周期长。正如我们在第一章中看到的,论文的半衰期有很大的学科差异(见图 1.1)。因此,将引用的时间窗口延长到 10 年,才能使社会科学期刊的影响因子与自然科学影响因子一样具有可比性。例如,1980 年医学期刊《柳叶刀》(*The Lancet*)近两年论文的篇均被引频次是 2.4,而《美国社会学评论》(*American Sociological Review*)则为 1.8。然而,引用的时间窗延长到 10 年,结果却截然相反:社会学期刊(20.9)的篇均被引频次大大超过了医学期刊(14.0)[32]。很明显,不同领域的期刊影响因子是不可比的,对同一研究领域的期刊进行比较时,这些数值才有意义。

影响因子的另一个重要特征是包括自引(self-citations),即在一本期刊获得的总被引频次中,包括了期刊自身的引用。尽管这一问题可以追溯到 20 世纪 70 年代该指标的创建时期,但是直到 20 世纪 90 年代才成为一个问题。在这一时期,影响因子成为期刊之间相互竞争的重要工具,并开始被用作衡量科研人员论文质量的指标。影响因子的战略重要性导致期刊编辑和出版商要求作者引用更多自己期刊中的论文作为论文录用的隐性条件[33]。根据定义,期刊自引的增加有提高影响因子的作用,即使在其他期刊的引用(一种更好的显示度指标)不变甚至减少的情况下。这种给作者造成的过度压力始于 20 世纪 90 年代的后半期,此后一直备受争议[34]。

在一定程度上，这个问题是技术性的。既然可以排除自引重新定义影响因子，并使操纵指数变得更加困难，那么将需要形成一个期刊交互引用的联盟。正如接下来将看到的，尽管令人惊讶，但是一些期刊似乎已经迈出了这一步。虽然《期刊引证报告》仍基于最初的定义（包括自引）来计算影响因子的常用值，但已经调整了结果，将这些可能的行为考虑在内，并且还发布了排除期刊自引后得到的影响因子。此外，还计算了期刊的自引比例，为测量外部显示度提供了一个有用的指标。

尽管一些期刊编辑要求作者更多引用该期刊已发表的论文，但这一现象并不应该让期刊自引"妖魔化"，实际上这是正常的表现。事实上，在同一本期刊上发表的论文因其研究对象或主题具有某种相关性，继而相互引用，这是完全合理的。期刊通常服务于一个有限的、专业的学术团体。以数学上的纽结理论为例，这一研究领域的专门期刊并不多，事实上只有一本期刊，即《纽结理论及其分支》（*The Journal of Knot Theory and Its Ramifications*）。尽管其他综合类期刊也接收相关主题的论文，但那些从事纽结理论研究的专家们都想要在该期刊上发表论文。

去除自引对期刊的影响因子会有什么影响呢？很显然是影响因子变小了。参考 2009 年的《期刊引证报告》，可以发现《纽结理论及其分支》的影响因子是 0.523，但去除自引后，这个数字下降到 0.311，自引占 40%。但这真的改变了什么吗？事实上，影响因子在期刊评价中不应该有任何重要性，因为很明显只有专业从事纽结理论研究的人才知道这本期刊的好坏。如果另一本影响因子是 0.822 的数学期刊只发表了几篇关于纽结理论的论文，那也并不意味着这本数学期刊的质量更高，因为在其他条件相同的情况下，影响因子取决于研究领域的大小。如果从事 X 主题研究的只有 100 人，那么与从事同一主题研究的科研人员多 10 倍的情况相比，总是会获得更少的引用

（假设参考文献是常量）。因此，对于一些特殊专业的领域，自引比例很高并不奇怪。

然而，一些期刊似乎存在异常的引用水平。由于担心操纵影响因子的争议影响产品的价值，汤森路透介入了这场争论，并于2007年创建了一份期刊黑名单，罗列了涉嫌操纵影响因子的期刊。为了遏制操纵行为，一旦认定影响因子被操纵，汤森路透便不会再公布该期刊的影响因子。2007年就有9本期刊受到惩罚[35]。这种监测还包括对期刊之间的交互引用（citation exchanges）行为的监测。这种行为更难辨别，但汤森路透已经开发出可以监测的软件。因此，在2013年的《期刊引证报告》中，有37本期刊被列入黑名单，其中14本是由于交互引用。而2012年，只有3本期刊属于这一类。在重新评价之前，这些违规期刊将被列入黑名单两年。应该指出的是，这些违规期刊在WoS所有期刊中的占比不到1%[36]。

就像发表压力带来了学术欺诈行为一样，过分强调影响因子也加剧了期刊编辑的违规行为[37]。2013年夏天，巴西医学期刊《诊所》（Clinics）的编辑因试图通过加入引用联盟来最大化其期刊的引文数量而被解雇。这种违规行为是政府政策可预见的负面影响导致的，因为巴西政府颁布了一项政策，要求根据学生论文发表期刊的影响因子来评价研究生的课程质量。

巴西的期刊编辑们批评这种简单化的评价制度，并要求对其进行修正[38]。对于一本全国性期刊来说，为寻求最大限度地扩大其所发表论文的显示度，要求作者引用本国的相关论文而不是只参考国外的研究成果，这可能确实是无可厚非的。因此，如果不将影响因子转化为科研人员的评价标准，这些操纵影响因子的行为并没有任何重要意义，也不会被视作违规行为[39]。

无论如何计算，影响因子仍然是与期刊相关的一个评价标准，但是与期刊发表的论文没有关系。这一指标用来评价个体科研人员的论文价值也是有缺陷的,其根本原因在于:一本期刊上发表的论文获得的实际引用分布遵循与阿尔弗雷德·洛特卡定律类似的幂定律,这就意味着大多数论文实际上很少被引用。只有少数论文被频繁引用,它们提升了影响因子的价值。对于这类分布,平均值并不能很好地反映中心趋势,这只适用于所谓的正态分布和钟形分布。

正如第二章提到的,文献计量学中的幂定律可以用"20/80"来概括,意思是 20% 的论文获得了 80% 的引用(见图 2.4)。以《自然》为例,该期刊的编辑们承认影响因子不应用来评价个体科研人员的论文,尽管《自然》是拥有最高影响因子的期刊之一,但它也不是这种偏态分布的例外。2004 年,一本期刊 89% 的引用是由该期刊发表的 25% 的论文获得的[40]。我们离"20/80"法则(总结了这种分布的高度集中)并不远。

简言之,一篇发表在高影响因子期刊上的论文可能实际上从未被引用过。如果想要评价一篇论文的质量或显示度,那么就要看它发表后的几年里实际的被引情况。当然,这需要时间,但那些喜欢"简单快速"的评价方法的人不愿意等上 3~5 年。所以,他们使用期刊的影响因子评价论文的质量和影响,即使这样的测量是完全不合适的。正如我们在后文中将看到的,以所谓的"补充计量学运动"(altmetrics movement)为基础的评价同样也缺乏耐心。

事实上,20 世纪 90 年代中期以来,文献计量学的专家们一直呼吁警惕使用影响因子评价个体科研人员的荒谬性[41],但这并没有阻止决策者以及许多被认为理性的科学家组成的评价委员会对影响因子的不当使用。许多国家(如巴基斯坦、韩国和日本)的政府官员和研究机构,甚至建立了直接以期刊影响因子为基础的经济激励措施!根据 2006 年《自然》的一项研究,巴基斯坦科学部(Pakistan Ministry of Science)通过计算科研人员年度发表论文影响因子的总和,设立了 1 千美元到 2 万美元不等的奖金。中国科学院北京生物物理研究所当时也建立了一项类似的制度：影响因子在 3 到 5 之间，每分 250 美元；如果影响因子超过 10，每分 875 美元。在这种背景下，一些科研人员被怀疑为了在某些顶级期刊上发表论文而操纵同行评价。于是这些顶级期刊的编辑们以欺骗性的同行评价为由撤回了他们的论文[42]。

同期，《自然》的一篇社论谴责了这种关于影响因子的无稽之谈[43]。2013 年，《科学》的主编布鲁斯·艾伯茨（Bruce Alberts）重申，"对影响因子的狂热没有任何意义"[44]。大约在同一时期，400 多家科学组织和一万多位科研人员签署了"旧金山科研评价宣言"（San Francisco Declaration on Research Assessment），宣言坚称影响因子不应被用作替代工具来评价个体科研人员的论文质量，也不应用于聘用、晋升、资助及以某种方式评价个体科学家[45]。

无论人们如何看待为科研人员提供的奖励，真正的问题是评价过程中使用了有缺陷的指标。最好的数学期刊的影响因子等同于最好的医学期刊，这是不可能的。任何理智的人都不会简单地根据论文发表期刊的影响因子给予医学论文作者更高的奖励。

最后，值得注意的是期刊影响因子被精确到小数点后三位！在科学中，我们认为很少有自然现象可以精确到这种程度。例如，有谁想知道温度是 20.233 摄氏度吗？一个突出的问题是，为什么不将影响因子限制为整数：1、2、3……20、21……呢？显然，基于影响因子的各种排名将会因此丧失他们的大部分价值。经济学家们特别喜欢用影响因子对他们的期刊进行排名[46]。

以 2011 年 WoS 中经济学期刊及其影响因子的列表为例，使用精确到小数点后三位的影响因子来对这 256 本期刊进行排名。很明显，很少出现排名并列的情况，只有 3 本期刊的影响因子同为 1.000，2 本同为 0.757，3 本同为 0.743。将这些期刊排在 22 到 24 名之间，好像它们是不同的。现在，由于没有人能准确说这些小数有任何真正的意义，让我们看一下把影响因子精确到个位数的排名情况。于是，我们看到：脱颖而出的只有两本期刊——《经济文献杂志》（*Journal of Economic Literature*）和《经济学季刊》（*Quarterly Journal of Economics*），影响因子分别为 9 和 6；两本期刊影响因子同为 4；12本期刊影响因子同为 3；1/3 的期刊影响因子同为 2；118 本期刊的影响因子同为 1。总之，这些相同影响因子的群体并不能真正被区分，多增加一个小数位数只是一种创建不同排名的方法。经济学家可能会告诉我们，小数点后保留一位就可以了。但仍有 4 本期刊的影响因子为 2.7（排在 11～14），18 本与《世界银行经济评论》（*World Bank Economic Review*）在同一组，影响因子为 1.1（排在 70～83）。可见，虚假的精确性掩盖了其根本上的不准确性。

基本上，滥用排名和表面看似精确的指标说明对所用指标的属性一无所知。我不必在这里赘述使用这些有缺陷指标带来的负面效应[47]。没有人相信这种系统是合理的，所以就不必讨论这种系统是否公平公正了。只有那些从不合适的奖励制度中获益的机会主义研究者以及利用影响因子来达到某种评价目的的期刊编辑们可能会相信（无论如何都假装相信）。

2014 年"自然指数"（Nature Index）的出现为研发排名抢占出版市场提供了一个有趣的案例，该指数根据他们定义的"高质量科学期刊"的论文数来对国家和机构排名。与评价市场上其他排名不同，它隶属于麦克米兰（Macmillan）的自然出版集团（Nature Publishing Group），现在与最大的科学期刊出版商之一的施普林格（Springer）合并[48]。"自然指数"以 68 本期刊为基础，包括自然出版集团旗下的17 本期刊（25%），据说这个排名提供了一个"基于已发表的、高质量论文的视角"，"为机构提供了一个简单的方法来识别和突出他们最好的科学研究"[49]。

很明显从表面上看，这样的排名意味着机构应该给科研人员施加压力,让他们向这些期刊投稿,而不是把论文投到其他期刊。这个新排名的依据不是引文,也不是影响因子,而是论文数量。实质上,它以同样的方式定义了高质量的科学研究,即在其认定的 68 本期刊上发表论文。即使像数学这样的重要学科并没有在"抽样"的 68 本期刊中,但是自然指数发布几年后,可能会有些机构将简单地把排名结果解读为表征高质量科学研究的一个"黑匣子",并调整其行为以提升在排名中的名次。这一做法从根本上对指数研发团队及相关期刊是有利的。

然而,与影响因子的情况一样,自然指数的根本缺陷在于,它是以特定期刊作为衡量论文质量的标准,而不是看论文本身及它是否得到真正引用。根据洛特卡分布规律,在上文提及的 68 本期刊中发表论文并不能证明科学共同体认为其是有用或有趣的。

大 学 排 名

20 世纪 80 年代以来,所谓的"新公共管理"(New Public Management)主义推动了合理化、效率和卓越等思想的发展。所有评价都十分重视指标的使用,以基准作为衡量效率和投资回报的"客观"指标。在高等教育及其研究领域,这种思想表现为一个国家或地区所谓的最好院系排名和最好大学排名。期刊上发布的学术排名基于"雇主声誉""学术声誉"和"国际师生数"等一系列公认的常识性指标,如《金融时报》(Financial Times)的商学院排名和《美国新闻与世界报道》(U.S. News & World Report)的大学排名[50]。基于声誉评价和质量指标的研究型大学排名紧随其后,2003 年发布的"上海排名"(Shanghai Ranking),公布了世界前 1000 所大学的排名。该排名每年发布一次,与之后同样每年发布一次的 QS 世界大学排名(QS World University Ranking)和《泰晤士高等教育》世界大学排名

（Times Higher Education World University Ranking）进行竞争。

　　面对众多相互竞争的排名,法国参议员乔尔·布尔丁（Joel Bourdin）注意到,每个排名好像都有自己比较钟爱的院校,如"上海排名比较钟爱美国的大学,而莱顿排名（Leiden ranking）似乎对荷兰的大学比较偏爱"[51]。要是在这份排名清单中加入"矿业学院排名"（École des Mines ranking）,会发现该排名非常钟爱法国大学校（grandes écoles）,但是这类高校在上海排名中处于边缘位置。"矿业学院排名"一直沿用的指标是在国际 500 强企业中担任首席执行官或同等职位的校友数。鉴于法国大学校与法国大型企业（许多曾是国有企业）之间的密切关系,该排名所选择的指标本身就有利于这些大学校[52]。

　　上述这些排名在市场上出现以前,最系统的大学评价体系是英国大学的"科研评价"（Research Assessment Exercise, RAE）,它是 20 世纪 80 年代中期在玛格丽特·撒切尔（Margaret Thatcher）的领导下建立的。RAE 的重要任务是每四到五年对英国所有大学、学科、院系的科研活动进行评价,由同行评价委员会给出的最终等级来判断不同院系的研究质量（特别是他们的出版物）。1986 年,RAE 开展了第一次评价,各院系的评价得分在 1（国家认可）到 4（世界领先）之间,此后的评价结果变得更具差异化,包括中级（3a 和 3b）和更高等级（5 和 5＊）。英国大学非常重视 RAE 的评价结果,因为政府分配给大学的一部分经费与这些大学在 RAE 中的评分挂钩,评分越高的机构获得的资助越多。

　　迄今为止,RAE 评价体系的行政负担沉重:共 15 个部门,分为 67 个研究领域,组织了大约 1500 名评价专家[53]。RAE 最后一次评价是在 2008 年,之后被重新设计并更名为"卓越研究框架"（Research Excellence Framework, REF）。值得注意的是"卓越"这一概念的出现。2014 年英国公布了 REF 的评价结果。与 RAE 的情况一样,REF

的评价结果也会影响政府分配给大学的经费水平。事实上,REF 评价程序几乎没有改变。各院系被划分为 5 个等级,即"1 到 4 星"以及"未评级"[54],基本上是基于同行评价、实地考察和对院系活动的报告分析。评价委员会判断研究的整体质量,并没有真正系统地使用文献计量指标。当然也考虑了出版物,但只是作为最终整体判断(质性的)的组成部分。

由于完成整个评价过程耗费了大量的时间和资金,REF 没有系统使用文献计量学这一点受到了批评。作为回应,最新的一份报告分析了 REF 的排名,并将它与不同的文献计量变量进行了比较,得出的基本结论是:用"单个计量指标(评价)与 REF 的同行评价会产生明显不同的结果,表明计量指标不能替代 REF 的同行评价"[55]。即使 REF 只使用同行评价委员会开展评价,但人们也可能会产生这样的疑问:一个评价体系花费了约 2.5 亿英镑,然后得出了约 3/4 的英国大学"国际卓越(internationally excellent)(46%)"或"世界领先(world leaders)(30%)",另外 20%"国际认可(recognized internationally)"[57]的结论,但它的真正价值(或管理者们所谓的"增值")又是什么呢?[56]

20 世纪 90 年代中期,文献计量数据出现在澳大利亚大学的拨款公式中,随后,2003 年出现在比利时的弗兰德斯(Flanders)[58]。在这种完全自动化的量化体系中,评价不再是为了改进实践活动。更确切地说,通过与经费挂钩,评价(根据所选的指标)被用来惩罚那些表现不好的大学。这种敦促机构增加出版物数量的经费分配体系受到科学家的严厉批评[59]。在澳大利亚,这些批评迫使政府在 2007 年放弃了原有的分配制度,取而代之的是另一种基于同行评价但"充斥了一系列量化指标"的经费分配制度[60]。

可以预期的是,对基于论文生产力的科研评价效果的研究表明,为了满足评价标准,科研人员不断调整科研行为[61]。正如玛雅·博瓦莱（Maya Beauvallet）在新公共管理思想影响下对公共和私立组织中使用绩效指标的研究中指出："任何指标一旦创建和应用，该指标就会不断增长，因为指标吸引了我们的注意力"[62]。

　　幸运的是，只有少数组织机械地将文献计量学纳入拨款公式，它们不应该成为学习的榜样。在调查了大学拨款公式中使用文献计量指标的 10 个国家后，加拿大科学院理事会在 2012 年报告的结论中强调，"依据量化指标直接分配科研经费的方式过于简单化，并不是一项现实的战略[63]"。英国高等教育基金委员会（Higher Education Funding Council for England）2015 年的报告《计量浪潮》（*The Metric Tide*）也得出了类似的结论[64]。

量 化 控 制

　　在对科研人员的评价中，文献计量指标的使用引发了激烈的讨论。这些讨论往往忽略了评价的一个基本方面：即科研人员的专业知识在评价过程中的核心作用。许多组织愿意根据它们所谓的"质量"对人文与社会科学领域期刊进行排名，但是这实质上是一种机械化的评价，试图以一种类似"评价的泰勒主义"（Taylorization of evaluation）的方式减少开展此类评价所需的专业知识。

　　虽然期刊排名基于同行评价而不是文献计量学（文献计量学不适合人文学科领域），但仍存在一些问题：一方面期刊排名预期的有用性无法实现；另一方面期刊排名具有明显的负面影响。例如，期刊一旦被匿名评价委员会评为"A"，就会吸引那些与该刊主题不符的论文，这样会导致非质量原因的论文较高的拒稿率（更不用说会增加编辑工作量）。另一个可以预见的不利影响是，这样的分类将使新期刊难以生存并获得认可，因为作者不会向一本甚至连排名都没有的期刊投稿。还要注意的是，管理机构将不得不定期重复评价，以纳入新的期刊,这样就产生了大量的管理机构来处理可疑结果。关键问题不是鼓励期刊数量的增长,而是要将选择在何种期刊上发表论文的自由留给科学共同体,因为在一定时间内在自己的研究方向上,科研人员非常清楚论文在哪里发表得到的关注最多。

定 义 "国 际 化"

在科研评价中,使用期刊排名和影响因子带来的另一个重大但不太明显的负面影响是,它使科研人员远离本土的、边缘的或不流行的研究主题。这在人文与社会科学领域尤其危险,因为它们的研究对象本质上比自然科学更本土化。很明显,一些学科不适合国际化。由于引用率最高的都是英文期刊(这一特征常被误认为是"国际期刊"的同义词),所以要获得期刊的认可取决于期刊对研究对象的兴趣。因此,想要获得更高引用率的经济学家倾向于研究美国的经济,而不是法国或加拿大的,因为引用率最高的美国经济学期刊对这些研究并不感兴趣[65]。一个社会学家,如果他的研究主题是国际性的,或者只谈理论,那么相比那些对自己所在社会的某些特定方面进行实证研究的同事而言,他的论文更有可能发表在引用率高的期刊上。

比如,对德国社会理论家尤尔根·哈贝马斯(JürgenHabermas)和尼克拉斯·卢曼(NiklasLuhmann)思想的研究能够比较顺利地进入国际思想界,但是由于缺乏对美国的实证研究,可能会影响其对美国社会学期刊的吸引力。而对英国或法国南部的购买行为的研究在国际期刊上可能会更难以发表,但这样的本土性问题,难道真的不如研究更多国际性的问题(如纽约证券交易市场的变化)重要吗?

因此,真正危险的是,如果机械地使用引用指标而不考虑其"指示性"(表示人文与社会科学研究对象本土性根源的民族方法学术语），那么那些具有重要社会意义的本土研究对象将被低估甚至最终被忽视。这种现象并不是假设的，加拿大经济学家的例子已经证实：在过去 30 年里，为了在其领域内所谓的顶级期刊上发表论文，这些专家对当地的经济问题逐渐失去了兴趣[66]。换句话说，这里虽然没有美国"电子"，但这里有"国民经济"，甚至是"圣经地带文化"（Bible belt culture），即使它们不是国际性的，也不会获得更多引用，但它们同样值得研究。

在解读文献计量指标时，如果不考虑不同学科的知识本体性，只会使科研人员放弃对不太主流的主题开展研究，以免不能在官方评价体系中"A"类或"B"类的期刊上发表论文。奇怪的是，这种分类方案中的"A"类期刊大多是英文期刊，而全国性期刊则倾向于被列为"B"类，而所谓的本地性期刊则被增选委员会和组织列入"C"类。事实上，在对人文与社会科学期刊排名的欧洲组织早期提出的许多分类中，不难发现某种形式的殖民主义[67]。的确，如果我们只依据总引用量，那么几乎不可避免的是，英文期刊的排名会更好。因为基于人口统计学，在某一专业领域英文期刊潜在的读者数量普遍高于法语等语言[68]。相比之下，这个数字并没有涉及引用的国际或国家来源。基于之前已经讨论的大多数人文与社会学科的本土性，这个问题在人文与社会科学领域显得尤为重要。

国际化水平的初始指标可能是某一期刊中论文作者的地理来源。在此基础上，举例来说，我们发现，2000~2012 年，在《美国社会学杂志》（*American Journal of Sociology*）中有 81% 的作者来自美国机构，而在《英国社会学杂志》（*British Journal of Sociology*）中英国作者的比例只有 61%，同样的，在《加拿大社会学杂志》（*Canadian Journal of Sociology*）中有 72% 的加拿大作者。因此，比例最高的《美国社会学杂志》实质上是一本本土刊物，作者的国际化程度低于另外两本期刊。

衡量这些期刊国际化的另一个有效方法,就是查看引用他们论文的人所使用的语言。我们再次发现,《美国社会学杂志》获得的引用中有97%的英文文献,仅有3%为其他语种的文献。相比之下,法国的《社会科学行为研究》(*Actes de la recherche en sciences sociales*)获得的引用中有64%为法文文献,26%为英文文献,还有超过3%为德文文献。引文的地理来源也显示了《美国社会学杂志》更多地聚焦本土,其中2/3的引文来自美国,而在法国的《社会科学行为研究》中只有40%的引文来自法国[69]。这表明,尽管美国期刊的引文总量比法国期刊高出10倍,但这并不一定意味着它们具有更高的国际影响力。

机械化定量评价的推动者对滥用不合目的性的指标所带来的复杂性和危险性并不敏感,他们排除了评价过程中被认为是"主观的"定性维度,严格依赖研究领域以外的评价者可使用的统计数据。因此,我们面临这样一个悖论:对科研人员的评价需要建立一个了解该领域的同行委员会,但是从定义看,这些同行了解他们所在领域的优秀期刊,并不需要由局外人建立所谓的官方清单来将它们分为A、B、C三类。

但是,这些排名可以做到的是,让对某一研究领域一无所知的评价者(实际上他们已经被排除在评价委员会之外)仅仅通过这些列表就能作出合理的评价。这样的机械排名在一定程度上实现了从质性的"同行评价"(peer review)向量化的"专家评价"(expert review)的转变,将"同行"(即该领域的真正专家)微妙地转换成定义不明确的"专家"。但是实际上他们可能并不是"同行"或者"专家",他们需要借助像期刊排名这样的外力来评价科研人员,因为他们自己并不能对被评价的研究本身进行评价。

这些不良指标的激增使传统的基于真正同行评价的评价过程发生转变,它们通过使用标准化数字降低了评价的专业化程度,将评价任务转移到所谓"专家"手中。而这些专家并不需要真正懂得被评价的研究的具体内容。许多科研人员不自觉地为这些排名的推广和无效指标的使用做出了贡献，然而这并不能改变之后的事实，即这些方法具有弱化质性评价的作用并被机械化评价（并不需要任何专业知识的）取而代之的客观效果。因此，评价从一种需要专业知识与技能的实践行为转变为一种自动化的机械操作。

"评价"不等同于"排名"

排名往往与评价混为一谈。事实上，二者完全不同。虽然排名以评价为前提，但后者并不等同于前者。与对个人或组织在某一时间点的活动状态进行总结性的评价相反，排名在本质上是一种公共广告的形式。公开排名的结果并不是无关紧要的，这可能会导致负面的、有损声誉的影响。

在这里，我们来区分官方和非官方的排名。所有的科研人员对自己专业领域的期刊都有一个直观的排名。一些期刊显然比其他期刊有更高的声望。但是，这些零散的可分享的主观评价非常灵活，因科研人员的研究领域不同而各异，而且这些研究领域通常非常狭窄。当一个自发组织公布一份"官方"名单，宣布一本期刊被定为"A"级，另一本被定为"C"级时，仿佛这些排名采取的"卓越"标准是理所当然的，并已被普遍接受的。当这样一种优劣顺序得到认可时，情况就完全变化了。尽管这种形式化势必会产生负面影响，但这些负面影响在科研人员使用隐性或非正式排名时并不会产生。熟悉本领域研究状况的科研人员都知道，他们可以在许多被认为"B"类或"C"类的期刊中找到优秀的论文。科学共同体成员之间的非正式交流允许开展相对灵活的、对声誉有一定负面影响的评价，并不需要对官方排名进行定期复评。正如我们之前所说，复评的目的是降低评价过程的专业化程度。

　　然而,我们必须承认,科学共同体本身在这些问题上往往是存在分歧的。一些学科的科研人员决定接受期刊被分为 A、B、C 等级的官方分类。其他学科的科研人员拒绝这样的做法,他们认为这是完全武断的,并建议用"科学周界"(scientific perimeter)来取代它。"科学周界"这个术语被定义为仅排除那些明显不是学术性的期刊。第二种方法避免了决定哪本期刊应该被官方标注为 A 类、B 类或 C 类的陷阱。这一过程掩盖了这种选择的随意性,而这些选择必然会受到科研人员之间的权力斗争和权力关系的制约。

　　问题是:究竟谁有资格进行这样的分类? 谁来使用 A、B、C 这三种等级? 在 2009 年发表的一篇社论中,科学史和科学社会学的所有重要期刊率先集体拒绝了欧洲科学基金会(European Science Foundation)最初提出的期刊排名[70],这是非常有意义的。任何科学领域中的斗争都无法忽视,从负责人文与社会科学领域期刊排名的各委员会组成来看,这些委员会的成员并不总是在其领域中最具权威的科研人员。

　　在这里,我们讨论的是皮埃尔·布迪厄(Pierre Bourdieu)所谓的"日丹诺夫效应"(Zhdanov effect)。继安德烈·日丹诺夫(Andrei Zhdanov)之后,日丹诺夫成为约瑟夫·斯大林(Joseph Stalin)领导下的现实社会主义的代言人。根据布迪厄的说法,一位科学领域的带头人更有可能参与一项能够影响该领域大多数成员的行动,即使这样的行为会降低其自主权[71]。

　　人们常说排名是不可避免的,我们必须接受它们,但这是错误的。科研人员的抵制非常有效地阻止了这些被误导的项目。例如,在澳大利亚,科学共同体对期刊排名方案的强烈反应使政府改变了主意[72]。在法国,一些组织试图通过前文提到的"科学周界"将排名转化为一份简单的期刊列表[73],但许多科研人员的行动会给这些组织带来压力。人们确实可以在某个领域中定义一组所谓科学的期刊，而不掉入排名的陷阱。排名陷阱实际上绕过了同行控制，并被机械决策代替。科学研究没有理由向逻辑与内部规范完全不同的外部要求屈服。

　　在了解了使用不良指标所产生的许多负面影响之后，现在是时候提出一套界定清晰的标准来区分指标的好坏，从而减少滥用各种不良指标造成的负面影响，就好像"使用不合适的体温计诊断发烧"带来的风险一样。接下来让我们试着对评价进行评价。

第四章

对科研评价的评价

　　过去 10 年里,在对更多科研及高等院校评价的政策需求下,人们围绕"新指标"的创建开展了大量讨论。现在可以看到,评价指标已经成倍地增加——它们已被大量应用到现有的大学排名中。无论热衷于"计量潮"(metric tide)(一份围绕这一主题的最新报告的标题[1])的原因是什么(前文已经介绍和分析),有意思的是,它提出了一个文献计量学界几乎并没有关注到的基本问题,即哪种标准能够告诉我们某一指标是有效的,并且真正测量出了它应该测量的内容。似乎人们所有精力都投入到新指标的制订上,却没有时间认真反思这些指标到底具体在测量什么。

　　当然,由于我们不可能讨论过去 10 年提出的所有指标,所以我们只聚焦目前最主流的指标,例如,一直讨论的 h 指数和一些大学排名使用的其它指标[2]。指标倍增造成的最明显问题是,这些指标在被用来评价科研人员或大学之前,从来没有任何标准来测试其有效性。因此,通过回顾一些基本的科研评价原则,并对构建科研评价指标的各种数据进行讨论之后,本书会提出一套标准来对这些测量概念特定维度的指标的有效性进行评价。

　　作为加拿大魁北克大学蒙特利尔分校(University of Quebec at Montreal)科学与技术观测站(Observatory of Science and Technology)的科学主管,在过去 20 年里,我与许多组织一起一直使用文献计量方法评价研究机构。虽然这似乎令人惊讶，但我经常提醒我的"客户"，在没有确定要考察机构的使命和目标之前，不能对其进行任何评价。事实上，以下情况是理所当然的：① 无法用同一种方法评价政府实验室和大学研究中心，因为它们有不同的使命，需要不同的标准来评价它们的活动；② 必须按照之前确定的目标进行评价。同样重要的是，目标也必须非常具体，因为需要从这些目标出发去确定能够衡量这些目标能否实现的指标。如果政府实验室的首要任务是通过开展众多类似于质量和安全的常规检查来保护公民，那么，很显然，期刊论文的数量和被引频次就不是判断成功的最重要指标。相反，鉴于一所大学的核心任务一般是知识增长，使其容易被大众获取，并培养各领域和专业的学生，那么，如果一个大学科研实验室获得大量来自企业的合同却很少在科学期刊发表论文，就可能会被认为是有问题的。换句话说，我们不应该先选择指标，再让任务去适应指标，而应该先建立任务和目标，再试图找到足够的指标来测量组织成员通过活动取得的各种预期结果。

评 价 单 元

在高等教育和科研领域，尽管一再呼吁增加指标，但是可能成为指标的基本单位仍然相对有限。在投入方面，通常包括人力资源（科研人员、博士后科研人员、学生等）、设备及支持科研活动的资金。在产出方面，通常包括科研活动产生的各种成果的数量：出版物（论文、著作、报告）、专利和会议，当然，还有培养的研究生（硕士和博士）。考查不同产出的使用和效果就可以来评价这些科研活动的产出和影响。对毕业生来说，测量他们的就业率和满意度是有意义的，但使用薪酬数据则会产生问题，因为经商者的收入普遍高于科学家，但高薪本身并没有使他们变得"更好"。为了测量论文的用途、显示度、影响力和质量,人们可以计算这些论文在其他论文中、甚至专利中的被引用频次。在互联网时代,我们能够使用新的指标来评价显示度,比如论文的电子版被获取或下载的数量。为了突破科学领域的限制,人们也可以通过浏览众多的互联网讨论平台,例如推特和博客,以判断论文在公众视野中的影响[3]。

　　想想看,只有这些单元能够用来构建科研评价的定量指标(通常会与"计量"混淆,就好像任何一个单元都能用来测量影响力),它们以不同方式结合在一起合理评价科研活动的不同阶段。在确定了构建指标的各种可能的单元之后,在界定真正含义之前,必须核查能否实际访问那些可能的数据来源。

数　据　来　源

　　一方面要确定所用的评价指标,另一方面要保证构建指标的数据容易获得、可靠且价格可以承受。科研投入与产出的现有数据库并不总是以人们需要的格式来提供数据。因此,尽管经合组织基于《弗拉斯卡蒂手册》(*Frascati Manual*)收集 R&D 数据,但是在所有国家和大学分配给科研的总预算方面,仍没有建立起一个包括全球性的、并易于获取信息的来源。收集这些显性数据的成本也是非常昂贵的,这无论对科研预算还是博士毕业生来说都是一样的。幸运的是,如今,关于科学出版物产出的全球数据库已经存在,尽管有其局限性,但它们仍然是开展科研评价的基本信息来源。

　　如今用来测量科学出版物的产出和影响力的数据来源主要有以下三个:历史最悠久的一个数据库已经在第一章中详细介绍过,即汤森路透的 WoS;自 2004 年以来,WoS 数据库迎来了竞争对手,即爱思唯尔的 Scopus 数据库,作为最古老的出版公司之一,爱思唯尔知道能够充分利用覆盖大多数学科的海量期刊建立起自己的文献计量数据库;最后一个数据来源是谷歌学术,2004 年也在互联网上线。前两个数据库的访问仅限于订阅者,但谷歌学术是免费的(至少目前是)。从严谨透明的科研评价角度来看,前两个数据库的主要优势在于它们的内容是可控的、明确的,可以知道在特定时间内包含的期刊名单。当然,缺点是它们不是免费的,事实上,它们甚至可能相当昂贵。虽然谷歌学术是免费的,任何人都可以访问,但是它的问题是内容界定不明确,而且不断变化,因此,无法知道其真实的内容。基于互联网的全部内容,谷歌学术数据库既包括同行评价的论文,也包括放在个人网站上的各种类型的文献。文献可以随时出现或消失,所以人们无法控制从这个来源计算指标的有效性。从道德角度看,这是有问题的,因为当评价可以影响人们的职业生涯时,应该是透明的。此外,该数据库不包含作者的机构地址,这会进一步限制其应用于科研评价。不仅如此,谷歌学术也容易受到操纵[4]。

西里尔·拉比(Cyril Labbé)是格勒诺布尔约瑟夫傅立叶大学(Grenoble Joseph-Fourier University)的一位法国计算机科学家,他虚构了一位科研人员"艾克·安特卡尔"(Ike Antkare),用以揭示如何操纵谷歌学术的内容以提升 h 指数[5]。他撰写了 100 篇短论文,相互引用,并将它们放在网站上。然后,谷歌学术收录了这些数据,生成的 h 指数为 94,这是大多数真正的科学家难以企及的数字。

有些人已经用这个例子来指出文献计量学的局限性。然而实际上,这个例子并不涉及文献计量学本身,只能说明谷歌学术并不能作为一个可靠的数据库来对科学家个体进行透明的、严谨的文献计量学评价。"艾克·安特卡尔"案例中使用的办法在 WoS 数据库或 Scopus 数据库中是不可能发生的,因为它们只收录发表在基于同行评价期刊上的论文,而不是仅仅在互联网上偶尔出现的论文。对于大型团体或机构而言,各种数据库的结果之间在整体上存在相关性,因此无法验证谷歌学术的有效性。对于单个评价而言,数据库及其所包含数据来源的质量对评价过程的可靠性和指标的正确解释至关重要。

因此,为了确保评价过程的质量与可靠性,所使用的数据来源与指标本身一样重要。在过去 10 年中新发展起来的科研评价市场,促进了许多新公司的诞生,他们基于自己的私人数据专门开展评价和标杆管理。例如,Academics Analytics 收集大学教授的各种信息(如出版物、引文、资金和奖项),而 Plum Analytics 收集有关"引用、使用、通报、获取及社交媒体"的信息。然后,他们根据与大学签订的合同,利用这些结果开展评价。例如,在罗格斯大学(Rutgers University),这种方法已经引发了教授们的争论,教授们怀疑那些评价信息的质量和有效性,因为他们无法掌控这些信息和计量方法。依据对确切内容与质量都未知的一个数据库来对科研人员进行评价,确实是有问题的。

这些新的市场环境也加剧了汤森路透集团和爱思唯尔之间的竞争,直接影响了他们数据库的内容。直到 2004 年 Scopus 进入市场之前,SCI 一直是独一无二的,它致力于收录所有学科最好的期刊,这些期刊基本被定义为最常被引用的期刊。但 Scopus 强调自己收录了更多期刊(对于图书馆来说是一个非常具有吸引力的功能)。面对 Scopus 的竞争,WoS 已经增加了其收录的期刊数量。因此,收录范围(不仅收录所谓高"质量"的期刊)成为吸引图书馆订阅数据库的一个卖点和很好的理由。Scopus(截至 2015 年)收录了 22000 种期刊,而 WoS 则收录了 12000 种。如果包括会议论文集和其他来源,Scopus 的期刊收录量将增至约 29000 种,WoS 则可增至 18000 种。这两个数据库有超过 50% 的期刊是共有的,但是 Scopus 拥有更多的独家期刊[6]。

文献计量指标的局限性

正如前一章所说,鉴于目前使用最广泛的数据库(WoS 和

Scopus）在一些领域的收录范围仍然有限，不同学科研究对象或多或少的本土性对文献计量指标的有效性还是有一定影响的。很明显，在一些领域，如哲学、历史，主要是作者独立发表的论文，国际合作的比例就不能作为评价国际化的有效指标。同理，人们不能期望法国北部农业问题的研究与宇宙黑洞分布的研究具有相同的国际合作水平。这些例子说明理解所使用的数据性质及被评的学科和研究主题的特殊性非常重要，以确保所选择的指标是适当、有效的。还应当注意的是，评价中所使用的数据库因学科、专业和国家的收录范围不同而各异。

在科研评价中使用文献计量学的另一个明显的局限性是，这些数据库没有收录科研人员论文发表的所有期刊。图书馆员也非常重视这一点，他们专门在不同的数据库中记录了来自大学实验室的出版物的馆藏状态[7]。依据大数定律，分析范围越小，结果的可靠性越低，在解释这些结果时就应该越谨慎。尽管没有证据显示这些论文的质量低于那些被 Scopus 和 WoS 收录的期刊发表的论文，但不假思索地将这些数据库视为不可分析的"黑匣子"的强烈倾向使许多人忘记一个明显的事实，即低估了没有被收录的论文（尤其是非英文撰写的）的价值。

通常，我们注意到著作没有被 WoS（或 Scopus）收入索引，但是这种说法经常与另一（不正确的）说法混淆，即对著作的引用不包括在这些数据库中。如今，WoS 和 Scopus 确实已经包含了他们所收录的期刊上的论文引用过的著作。考虑到人文和社会科学期刊引用著作的频率经常高于对论文的引用，把著作纳入数据库不太可能会显著改变这些学科的引用分布。一位科研人员的论文在期刊中很少被引用，却可能在同学科的著作中被大量引用，这是令人惊讶的。尤其是如今著作的内容包括很多已发表过的论文修订版本。因此，正如汤森路透最近投资创建的图书引文索引（Book Citation Index）可能没有什么价值,因为重要的不是引用的绝对数量,而是在一个领域收到的相对引用的分布和比例。

文献计量评价基本上是一种抽样的形式,存在明显的非随机偏差,因为不包括大多数本土期刊。向水池(期刊中的引用)里加水(即著作中的引用)会提升平均水位(引用总数),但是很可能不会改变其整体结构。例如,尽管 Scopus 和 WoS 这两个数据库收录的期刊不同,但在这两个数据库中,基于论文总数的国家排名大致相同,而明显的差异可能出现在较低层级,如学科。那些大型数据库对英语的偏爱也很大程度地影响了对国家的分析评价,尤其是在人文与社会科学领域,这一因素也使得数据库在这些领域的应用存在很大问题[8]。

鉴于长期以来引文一直是唯一可以用来衡量科学影响的单位,所以它们一直是人们关注的焦点,也就并不奇怪了。对引文分析的许多批评,伴随着科研评价的热潮以及出版方式从纸质到互联网的转型,引发了一场寻找评价影响力补充性措施的运动,并在 2010 年制定了《补充计量宣言》(Altmetrics Manifesto)。除了老生常谈——"有影响力的论文可能没被引用"、"忽略了引用的背景和原因"等等[9]以外,该运动的发起者还坚持认为获得他人的引用需要数年。因此,他们含蓄地接受了这样一个有意思的观点,即我们必须立即知道到底有没有影响。最有可能知道这一点的方法是,在快速增加的讨论平台上立即看到这些文献的即时网络显示度(immediate Internet visibility)。假定补充计量学(alternative metrics)仅测量出对公民与科研领域的圈外人的显示度,除此以外最明显的效应是创造了一个全新的利基市场(niche market),与爱思唯尔公司和汤森路透集团所垄断的市场进行竞争。这些新公司现在试图将自己置身于论文发表的研究者和期刊之间,以获取与测量科研影响力相关的部分价值,留下模糊的术语来排除不可能的测量方法:推特、博客、文献管理器、开放论文集成工具等。

评价市场上有大量新提出的补充计量学,无论它们未来如何,它们的指标都应像测量概念的"经典"指标一样,遵循同样的标准。如今,我们知道这些所谓衡量科研影响力的替代指标都没有明确的意义,这些指标均不能严格地作为高等教育和科研决策的依据[10]。一个明显的例子是,科研论文引用量的增加需要很多年的时间,然而推特的数量仅仅几天就可以达到峰值。所以,毫无疑问,前者比后者更适合测量科研影响力[11]。

从社会学角度来看,推特在本质上是一种全球性的非正式对话:它让人们可以进行简单的对话,可是这些对话(幸运地)一直被限制在他们的围墙内。对任何非常关心科学研究效果评价的人来说,值得思考的是,引用的半衰期需要以年为测量单位,而博客的半衰期却是以天(推特甚至以分钟)为测量单位[12]。那些几天后就没有任何痕迹的影响力指标究竟有什么意义呢? 尽管研究推特上交流的动态确实能告诉我们一些有趣的事情,比如哪种科学研究能够调动民众在媒体上的积极性? 哪种科学研究则不能。基于上述不同的时间标准,明显可以看出,计算推特的发文数量不能作为评价科学影响力的有效指标。

多维的宇宙

目前,在有关科研定量评价的争论中,最令人恼火的方面是用一个数据来概括所有维度的倾向。这种方法非常明显的特点是过度简化,特别是当人们观察到这样的数据汇总等于将多维空间(不同的指标界定不同的维度)转化为一个零维的点(或最多一条一维直线),从而失去了不同坐标轴提供的大量信息。只有纳入多个指标,才有可能考虑一个概念的维度,科研影响力也是如此。因此,虽然科学共同体主要关注出版物的科学影响力，但我们也不能忽略其他类型的影响力，即便很难找到有效的指标去衡量。

同时，我们还需要考虑经济、社会、文化和环境对科研的影响。除此之外，对大学而言，科研是其使命（或功能）之一，因此，教育质量不能以科研为唯一基础进行评价，而完全不考虑学生培养的环境（如教授、图书馆资源和建筑质量等要素）。如果想评价这些维度，必须避免"灯柱综合征"（lamppost syndrome）——在一个亮灯的地方找钥匙，而不是钥匙实际丢失的地方。因此，我们不能止步于某些容易获得的数据，而应该开展案例研究，使用合适的指标来评价各种各样的影响。当人们试图测量几个社会领域科学研究的成果和影响时，质性研究工作的代价很大，但却是必须要做的[13]。

评 价 指 标

以前，因为 WoS 和 Scopus 数据库的使用成本高昂，所以专家使用文献计量法开展评价一直受到限制，而这两个数据库目前是文献计量数据唯一的来源。随着网络的飞速发展，如今我们可以使用互联网免费进行文献计量（并且扩展到网络计量）评价和排名。毫无疑问，像谷歌学术这种可以自由访问而且不受控制的数据库导致了科研评价一定程度的混乱（其他人喜欢称它为"民主化"[14]），因为一些懂技术的用户通过他们自己精心设计的指标能够测量他们（或者他们所谓的"对手"）的研究"质量"或"显示度"。

近年来，这些自发（或称为粗糙更为贴切）的评价方法和影响力指标的数量激增。它们反过来导致了科学共同体内部的混乱，没有人真正知道如何解释这些测量方法。排名作为"黑匣子"流传开来，被认为是关于个人或机构无可争辩的"事实"，它们应该帮助政策制定者和大学行政人员来确定科学研究与学术探索的重点。这种"评价热"导致了大量错误指标的泛滥与误用。已经数不清有多少科学家写信给《自然》与《科学》或者发表博客,声称他们同事或其机构正在接受这些指标的评价。如今,科学家们炫耀自己的 h 指数,而大学则为他们在许多竞争性排名中的名次而烦恼。

　　在众多与科研评价相关的问题中,评价排名的有效性是一个非常棘手的问题。虽然已经有大量的论文致力于分析和批评这些排名,大多数批评指出使用排名会造成一些意外后果。但是,除了指出它们的局限,却很少有人研究这些指标本身。很少有人质疑排名的认识论基础——那就是,这些指标是否真的具有明确的意义,是否能测量出它们应该测量的内容。在讨论一个指标自身局限之前,必须首先确保指标是有效的并且能够表达出应该表达的内容。如果不能,那么所选的指标应该描述为"不相关的"或"误用的"而不是"有局限的",并且应该使用更合适的指标来代替它。

　　基于错误的测量方法得到的排名一旦被使用,会导致使用分析不当的结果来支持政策制定的情况。虽然对于排名中使用的每一项指标的有效性问题缺乏认真的方法论反思,但这并没有阻止大学管理者们继续投资稀缺资源来提升他们在心仪的排名中的名次。事实上,他们忽略了排名真正应该测量的内容。大多数排名体系并不具备有效指标所必需的任何属性,将它们作为政策制定的指南是草率的。还应该注意的是,尽管研究明显具有多维度的性质,但在这些例子中,都是用一个单一的数字对组织和个人的研究质量和影响进行排名和评价[15]。值得再次强调的是,这种片面的指标和排名看起来是上述不成文的"社会法则"导致的,即"有数字总好过没数字"。

　　引人注目的是,在大量支持或反对排名的论文以及在推广科研活动新的测量方法的论文中,几乎没有人花时间详细讨论实现指标有效性所需的条件[16]。例如,高等教育机构排名中的"柏林原则"(Berlin Principles on Rankings of Higher Education Institutions)包含了排名应该遵守的 16 个原则。在这些原则中,会发现排名应该是:① 有明确的目标;② 方法公开透明;③ 选择相关且有效的指标;④ 清晰界定不同指标的权重(如果使用的话),并控制它们的变化;⑤ 认识到机构的多样性。需要注意的是,其中一个原则概括性地规定"依据相关性和有效性选择指标"以及"在对每个指标代表的质量、学术能力、机构能力有清晰认识的基础上选择数据"。最后,指标的制定者应该明确为什么使用这些指标以及它们意味着什么[17]。鉴于现有排名的实际属性,可以看出,这一原则很少被认真使用。排名使用的大多数测量尺度都不符合测量目的,因为这些测量没有比较指标的动态行为与所测量概念的行为之间的关系。

越来越多的指标被用来论证高等教育政策变革的合理性,面对这一现实,我们必须明确"相关性"和"有效性",但是这些术语的确切含义很少能表达清楚。衡量指标的另一个标准是数据来源的质量(如时效性)或者是指标结构的透明度[18]。但是它们不是影响有效性的核心问题。因此,在接下来的探讨中,我会聚焦与指标内部有效性直接相关的标准,并对指标及其应该测量的概念的属性之间的关系进行评价。

虽然我们已经看到评价不是排名的同义词,但是两者都需要使用指标。信息来源的质量的确很重要,但必须强调的一点是,建立一个有效指标是需要满足的首要条件。一种错误的观点认为,选择一个指标只需要考虑它的"便利性"以及只有数据质量才是真正重要的[19]。一个指标若想有效,自身必须达到一定的标准,并且独立于其所使用的数据来源。科研人员可能拥有有效的数据,但是没有有效的指标,或者拥有有效的指标,却没有有效的数据。因此,我提出了三个标准作为有效性指标的必要条件,这三个标准定义了构建有效指标所应具备的基本属性,具体包括:

(1)指标与被测对象适切性;

（2）对被测对象内部惯性的敏感度；

（3）指标维度的同质性。

有效指标的本质特征

根据定义，指标就是一个可以测量的变量，其目的是为了真实地表示一个特定的概念，这个概念是指要测量对象的属性[20]。关于概念与指标，一个典型的例子是通货膨胀。通货膨胀测量了一段时间内商品价格和国内生产总值（GDP）的变化。指标不是一个概念，而是一个数量表征，用来测量概念背后的现实是如何随着时间或地点的变化而变化的。因此，基于直觉和对测量对象已有属性的了解，或基于对概念的一次独立的实证测量，对照概念假定的属性，检查测量指标的特性。从上述内容可以看出，在使用指标测量一个概念的属性时，指标应该与我们假定的概念自身的特点密切相关。

1. 适切性

有效指标的首要特征是"合目的性"（fit-for-purpose），即要契合被评价的对象（或概念）。基于我们对被评价对象的已有了解，指标有了足够的数据，就能得出正确的结果吗？它们符合我们对这个概念的直觉判断吗？比如，R&D的投入水平是一个评价某一国家科研活动活跃度的首要的、合适的指标。但是这个指标只能用于评价经费投入，不能被用来评价科研产出，也更少地用来评价科研质量。同样，一个国家发表的科研论文总数是测量公共科研产出数量的合适指标，但不适合评价工业研究的产出，因为尽管工业研究也会产出论文，但并不期待研究成果的发表。上述两个经典的指标均来自一种直觉，即在科研系统中经费越多，产出可能越多。事实也支持了这一直觉，我们经常发现，以GDP衡量的国家规模与发表的论文总数之间存在密切关系。很明显，钱可以转化成人力资源和设备，这是很直观的,即使收益的递减使得这种关系不是线性的,但是经费增加应该能提升论文的数量。因为充足的经费可以招收更多的学生,可以聘用更多的教授,也可以购买更多更好的设备。因此,可以说,正如预期的那样,我们已经深刻理解了这些指标的含义。

虽然生产力指标相对容易理解,但是当我们转向抽象的概念,如科研"质量"或"影响力"而不是纯粹的数字时,事情就变得非常复杂。为了测量作者或机构的科学影响力,可以开展一些调查,咨询众多专家对个体或机构的工作质量和科研影响力的看法,然后使用一个定性尺度计算平均数。这个数字可以作为"质量认知度"指标,尽管这种测量的主观性和循环性的危险(所谓"最好"就是大多数专家所说的最好)很难控制。

尽管有其局限性,但该指标的定义是明确和有意义的,前提是所选择的专家组对应被评价的领域并且不被卷入利益冲突。或者(主观性很少且更容易实施)可以计算一篇论文的引文数量,使用这一数字作为评价科研质量和影响力的指标。在这种情况下,既然使用同一个指标,那么质量和影响力这两个术语被当作了同义词。更严格地说,人们也可以决定不将这种测量尺度称之为"质量",而是使用"显示度"这个更中性的术语代替。事实上,相比很少被引用的论文,被频繁引用的论文更容易被看到。

如果想要将"引文"与"质量"联系起来,并且避免陷入重复,那必须通过发现引文与独立的质量评价之间的关系来检验质量这一概念与引用这一指标之间的联系(已被认为是一种有效测量)。在这一方面,20 世纪 70 年代以来,社会学和文献计量学的研究一致表明,一位作者被引用的频率与他/她的声望之间有很强的相关性,这与测量"卓越"的其他指标所测量的结果类似,例如重要的奖项或科学院提名[21]。这种相关性也符合我们对科学共同体认可机制的理解,需要通过引文对以往的工作进行认可[22]。然而需要特别注意的是,论文数量和被引频次这类指标在自然科学领域通常是有效的,但是我们不应该机械并盲目地将它们应用在社会科学或人文学科领域中。必须要考虑这些学科之间的差异。比如,在人文学科领域,人们更常用著作而不是论文作为传播新的研究成果的手段,并且著作引用的持续时间会更长[23]。

对于不合目的性的指标,举一个例子来说明,比如一个以大学诺贝尔奖获得者数量为基础的指标。很明显,诺贝尔奖可以被认为是衡量一名科研人员或一名科学家整个职业生涯的科研质量和影响力的一个很好的标准。但会有一个问题,即这一指标通常衡量的是几十年前完成的工作,它对评价一所大学目前的情况毫无帮助。时间作为测量属性的一个非常重要的变量,考虑到诺贝尔奖属于研究者二十多年前的工作,这个奖项显然不能反映研究者目前所属大学的科研质量。尽管每个人都明白这一概念,但该指标仍然作为"上海排名"的一个重要组成部分,对全世界最好的大学进行排名。

另一个不恰当指标的例子是根据大学在互联网上出现的情况进行排名,事实上这种方法只能证明这样一个事实,即当使用"大学官网能接收到的第三方外部链接数量"来定义一所大学的"质量"的时候[24],他们在互联网上是"存在"的。除此以外,不能测量任何确定的事物。

2. 敏感性

任何事物都具有的重要内在特性是惯性,即其对变化的抵抗力,会影响这种变化发生的速度。因此,一个好的指标应该随着测量对象的惯性而变化,因为不同的对象随时间变化的难易和速度均不一样。可以试想一下数字温度计(不是老式的水银温度计),如果在一个固定的房间内(没有气流),我们初次测出 20 度,一分钟以后是 12 度,五分钟以后是 30 度,常识会让观察者断定温度计坏了,而不会认为室内温度变化幅度就是如此剧烈。我们都很清楚当没有暖气或门窗打开的情况下,温度不会在三分钟内变化得如此剧烈。

以大学为例,众所周知,大型的学术研究机构就像巨型游轮,无法快速地改变航向(也正因为如此,让大学能够避免响应那些短视的、肤浅的"社会需求"[25])。因此,当在某个年度排名中,一个研究机构在一年之内从第 12 名下降到第 18 名,或从第 12 名上升到第 9名,这就充分说明变动的指标存在缺陷,而不是表示该研究机构的质量在一年内急剧下降或显著上升。

鉴于连续两年的数据存在不可避免的差异,那么很明显,每年名次的变化是随机的,没有任何实际意义。因此,每年测量(或评价)大学没有什么意义。比如,在美国,国家研究委员会(National Research Council)每 10 年对全美所有大学每个学科所有专业的博士生项目进行一次排名[26]。为什么它的频率这么低?原因很简单,除了开展这样的评价成本非常高以外,如果不考虑突然发生的退休潮,一个 2008年被评为"卓越"的专业,在 2009 年被评为普通的可能性很小。大学是具有相对惯性的机构,十年的时间窗符合这样的现实情况。这也表明每 2 年或 3 年就评价一次大型科研团队没有意义(甚至浪费资源),如果每 6 到 8 年(甚至 10 年)对它们的真正变化进行一次观察,会更有现实意义,同时也节省了成本。

根据这一分析,可以得出如下结论:大学年度排名是以调查、文献计量学或网络计量学为基础,没有方法论支持,只能用排名主体的市场策略来解释,这些排名并不是出于一个严谨的科学目的。如果学术管理者认可了这些排名,并认为他们应该调整各自机构的研究重点来适应最新的测量指标,那么可能会造成意想不到的负面后果。

3. 同质性

有效指标应该具有的第三个关键属性是在结构上具有同质性。在科研方面,可以利用在顶级科学期刊上发表的论文数量来构建一个科研产出的同质性指标（如国家层面）。基于论文的指标可以用投入与产出维度去构建研究活动的描述性地图。此外，也可以从投入/产出比中获得生产力指数。但是如果一个人以某种方式将论文数量与引用数量合在一起（就像"h 指数"那样），就会得到一个异质性指标。这种方法产生的问题与武断地将各种不同的指标如"学术声望"或"国际教师与学生数"等整合起来的指标一样。这种异质性的复合指标在基础方法论层面存在一个问题，即当指标数值发生变化时，无法确定造成变化的原因是什么，因为这种指标的每一部分对应不同的影响因素[27]。应该将每一个指标都分开，并用网状图表示，以便明确所测概念的各种组成部分。

在这三个基本标准的基础上，还应该增加一个通常难以发现却应该明确的标准，即指标应该是它所测概念的单调递增函数，这样有助于消除有缺陷的指标。也就是说如果所测概念的数值越高，那么指标的数值也应该越高。此外，指标包含的所有数值必须符合指标的含义。这在"温度"的例子中很明显：一百万度仍然是一个温度，比一百度更热，但是指标本身失去了意义。然而，现有的大学排名中使用的指标却并非如此。

举一个例子就可以充分证明概念与指标之间呈单调递增关系的重要性。在大学排名的许多指标中，外国留学生和外籍教授的比例是"国际成就"的评价指标之一[28]。一般来说，对于那些测量"成就"的优秀指标来说，数值越高，表示结果越好。因此我们应该认为一个外籍教授占 90% 的大学比外籍教授仅占 20% 的大学要更好。如今，一所公立大学的首要社会使命是促进当地（州、国家）社会的发展，如果一所大学不能培养自己本国的教授，那么这所大学只能是一所殖民大学。因此，外籍教授（或学生）的比例本身不适合衡量一所院校的"成就"或"吸引力"。当然，重点不是为了否认在一个大学中拥有外国留学生或外籍教授的价值，而仅仅是为了强调这一数字，对一个被测概念来说,这并不是一个有效指标。一般认为只有外籍教授的比例在 15%~20% 之间,对一个大学来说才合适,但是这种选择很明显太过武断,并缺乏概念基础。此外,如果一个指标的有效性被限制在一个很小的范围,那么也没有必要使用这一指标。

现在,就让我们使用这些标准来更仔细地分析一个被广泛应用的大学排名——"上海排名"和一个评价研究者个体科研水平的指标(h 指数)。这两个案例是基于两个不同层面的指标:"上海排名"评价机构,而 h 指数的评价侧重个体。也许读者已经开始怀疑这两种测量方法没有包含有效的指标。那些将它们推广为"客观的"、"国际的"测量方法的科学家和政策制定者,在把它们当作评价和决策的可靠依据之前应该三思而后行。

"上海排名"和 h 指数的无效性

"上海排名"是通过六个不同指标的数值相加得出的。前四个指标,每一个指标的权重为 20%,包括:

(1)获得过诺贝尔科学奖或菲尔兹(Fields Medal)奖的教师折合数;

(2)汤森路透公布的各学科领域被引频次最高的科学家数;

(3)在《自然》和《科学》上发表的论文的折合数;

(4)被科学引文索引(SCIE)和社会科学引文索引(SSCI)收录的论文数。

另外两个指标,每个权重占 10%,使该指标内容更加充实,它们是:

(5)获得诺贝尔奖或菲尔兹奖的校友折合数;

(6)上述五项指标得分的师均值。

很明显,最后一个指标不合适,因为它是几个异质性指标的混合,因为在《科学》和《自然》上发表论文的折合数与获得诺贝尔奖的教师折合数在数量上不相称。更令人惊讶的是，最终排名所依据的结果证明是很难重复的[29]。人们也可以质疑这类指标的恰当性，如在"《科学》和《自然》上发表的论文的折合数"这一指标，这两个期刊并没有包括所有学科，而且严重偏向美国。比如，2004年，《科学》72%的论文、《自然》67%的论文至少包含了一位标注美国地址的作者。最重要的是，鉴于我们对大学惯性的了解，必须质疑这样的指标：它使大学（如柏林自由大学和洪堡大学）的名次上升（或下降）接近100名，造成如此大幅度变动的原因仅仅是与爱因斯坦1992年获得的诺贝尔奖有关（或无关）。人们也可能会思考，大学的质量是否真的依赖其数十年前开展的研究[30]。因此，这个指标也不符合敏感性的标准。

为了表明排名与我们通常对大学的理解的不一致，我们将加拿大的大学与法国的大学进行比较。2009年"上海排名"对社会科学领域最好的大学进行排名，我们发现，在排名前100的大学中有8所加拿大的大学，却没有一所法国的大学。会有人因此认为法国的社会科学比加拿大的社会科学差很多吗？当然不会，这个不可思议的结果仅仅是因为对使用数据的处理方式显然不利于欧洲社会科学，因为法文和德文期刊上的论文代表性明显不足[31]。而"CWTS莱顿排名"（CWTS Leiden Ranking）和"多维全球大学排名"（U Multirank）则没有把异质性指标通过简单赋权整合在一起[32]。

现在简单地看一下另一个流行的指标——h指数。通过第三章的分析可见，h指数远远没有达到有效性的标准。h指数将论文数量与被引次数混合起来产生了一个异质性指标。这个指数不是度量概念的严格递增函数，正如我们所看到的那样，一个较低的指数背后也许隐藏着一位高水平的科研人员。实际上它没有评价"质量"，因为它只与发表的论文数量密切相关。此外，如前一章所述，它的价值永远不会随时间的推移而下降。如果一个温度计出现这种不正常的现象,它根本卖不出去。并且,一个优秀的指标必须保持与所要测量的概念之间有直接的相关性,试图通过发明一种不直观的且更复杂的指数来矫正指标存在的缺陷注定会失败,因为这样做只会使一个无效的指标更加不直观、不透明。

为什么会使用无效的指标

令人吃惊的是,尽管考虑到上述问题,但是如此多的大学校长和管理者还是只看到了排名的表面价值,失去了批判意识。只有对管理者和行政人员进行社会心理学分析才能解释一个没有科学依据的评价系统为什么如此具有吸引力。毫无疑问,大学市场全球化加剧了评价问题的敏感性。当前,为了弥补人口下降和政府补贴的不足,为了跟上国际化的潮流,大学不惜以忽视本土使命为代价来吸引外国留学生。

当然,也有例外,多伦多大学校长在评论《麦克林杂志》(*Maclean's magazine*)年度大学排名时说道:"总体来说,加拿大大学都支持排名,尽管它没有什么科学价值,把一切变成了毫无意义的平均数。"他还补充道:"营销是麦克林排名唯一的用处。没有人相信这种排名具有多少科学严谨性"[33]。此外,也必须考虑到大学管理者的转变。如今越来越多的非学术人员掌管着高等教育机构,相比学术原则和价值,他们似乎对市场的力量、品牌推广及对金钱的追求更为敏感。因此很有意思的是,管理者尤其喜欢那些善于推销不断变化的流行口号的专家[34]。

许多大学管理者对各种排名缺乏批判性思考,甚至会因此遭到嘲笑。就像埃及亚历山大大学(Alexandria University)2010年突然出现在QS世界大学排名的顶尖研究型大学中一样。亚历山大大学在其网站上吹嘘了它的新地位,《泰晤士高等教育》的编辑给该大学写信说，"进入这个名单的任何一所大学都是真正的世界一流。"[35] 但是他们都没有质疑一个很明显的问题：一所大学如何能在一年之内从默默无闻变成世界一流？幸运的是，更多有识之士对此持怀疑态度。2011 年，QS 排名把亚历山大大学排到了"601+"的位置，而它 2010 年的排名数据消失了，原本第 147 名的位置只留下了空白。而且，自 2013 年以来，亚历山大大学一直排在"701+"的位置[36]。鉴于排名的波动性以及指标和权重选择的任意性，当人们听到法国研究部长对 2013 年"上海排名"的评论时只是笑而不语。当时法国研究部长说，尽管对这一排名的价值持保留意见，但是很高兴看到法国的大学在排名上略有上升[37]。这些例子应该足以提醒大学管理者们去研究排名的"黑匣子"，而不是把它当作一个"见面礼"。

政治原因也会导致人们一直在使用那些糟糕的排名。法国的例子清楚地表明，排名可以用来证明大学改革的合理性。考虑到尼古拉·萨科齐（Nicolas Sarkozy）政府 2007 年后的战略重点，我们可以相信，如果法国的大学在"上海排名"中一直名列前茅，总统会更难以证明其政策的正确性，政府也可能会对这个排名持有完全相反的看法，也可能会忽略这个排名，因为它不能反映他们理想的法国大学体系。另一方面，排名也会被那些反对改革的人利用，用来证明法国大学实际上已经足够优秀，没必要进行改革。

虽然许多评价和排名的批评者认为管理人员是罪魁祸首，但是必须强调的是，与"只有管理者们试图推广基于指标的评价"的观点相反，h 指数在科学界的迅速扩散在很大程度上是一种普遍现象。事实上，科学家们往往屈服于使用原始文献计量的无政府状态。作为有能力影响决策的委员会及其成员，他们经常推动这些指标的广泛使用，即使在没有检测其属性的情况下。事态如此发展只能证明，科学家的"敌人"往往是他们的同事，而不是远处的管理人员。

如何提升排名

大学宣传与推广部门发挥着促进大学在各种排名中名次上升的作用,他们往往把所属研究机构看作是一种"产品",并用市场营销的标准辞令来推销。如果注意到排名主要运用在大学的营销战略中,就可以理解如今大学管理者对待排名的反应。至少自 20 世纪 90 年代开始,经合组织就在推动全球高等教育市场的发展。21 世纪初,全球大学排名的出现是新自由主义潮流不可或缺的组成部分。这股潮流促使大学表现得像其他"行业"一样,成为全球经济市场的组成部分。但谈论"市场"的人也会谈论"竞争",尤其是"市场营销",我们观察到,大学在宣传方面聘用了越来越多所谓的专家来改善、更新和推广他们的"公众形象"。一所加拿大大学的宣传部主任埃利诺·S·阿巴亚(Eleanor S. Abaya)认为,是时候让学者们明白我们正处于市场经济中,大学必须包装自己才能将产品卖给潜在的客户——学生。她声称自己在比预期短得多的时间内将所在大学塑造成为一所"积极进取的大学"(can-do university),这所大学有"一流的研究(top-notch research)"[38]。

我并不认同这种激进的营销观。当营销应用于大学时,我看到了营销不同的、阴暗的一面。当我特别关注报纸、电视和电影中的产品广告时,我总是惊讶于那些精心修饰的语言和画面,它们刚好游走在真相与谎言的边界线上。毫无疑问,一大批律师仔细审查过这些文字和图像,以保证没有人能反对他们的内容。尽管一个显而易见的事实是,他们提供的有效信息往往清楚地昭示了他们不愿说出口的内容。例如,汽车制造商将年轻人(18~25 岁)列为重要的潜在客户。他们的广告显示,汽车的速度极快,快到已经超过现行法律的规定,但这没有问题,因为画面中出现了大约 10 秒的小字"请勿模仿",

观众看到的内容是由"专业司机在特定环境下"完成的。

将汽车和啤酒的营销技巧运用到大学带来的问题是：大学应该追求真理，而汽车和啤酒卖家只是想赚钱。商业伦理与大学伦理截然相同，因为大学被赋予独特的道德使命。对于那些想宣传自己在某一方面是"第一"的大学来说，市场营销可能是个"滑坡"。他们都在努力寻找一个可以跻身榜首的排名。许多例子表明，即使大学知道排名没有任何的科学价值，但是他们仍然以此来提升自己的显示度。

下面介绍它的运作方式。X大学（省略了真名来避免羞愧感或法律问题）发现了一个心仪的排名，但它可能不想暴露在这个排名中的准确名次。因此，当地的营销专家选择了如下语言："X大学是加拿大五所顶尖大学之一"，但是为什么不简单提一下具体排名呢？它是第一吗？当然不是，不然他会一直自豪地说"X大学在Z排名中名列第一"。可能也不是第二，也是同样的原因。那还剩下第三、第四和第五名。我认为X大学可能排名第四或第五，营销逻辑是：我们想成为第一，所以我们把"第一"这个词放在句子中，这样读者在看完广告后就可以记住这个词。所以，我们说我们的大学是"前五名（the first five）之一……"没有任何法律禁止这种说法，但是这种说法就像很多二手车卖家和其他的问题产品卖家那样，扩展了诚实的界限。我认为这种行为通过提倡犬儒主义会慢慢败坏大学的名声。

另一个真实的例子是，B大学似乎很重视世界大学排名，尽管排名每年的变化方式并不符合大学活动的本质，可是这所大学仍然自豪地宣称它排在全球第20名。但它没有提及前一年它在同一个排名中处于第12名的位置。如果这个排名非常有意义，那么，第20名代表了质量的显著下降，大学应该立即实行重大改革，并责令校长或副校长辞职。如果这个排名并无意义，那么，第20名并不会比第90名更好，也就没必要使用这些数据进行营销了。

　　如今犬儒主义似乎很盛行,因为我经常听到高层管理者说:"伊夫斯,你对这些排名的看法是正确的,但我们必须使用这些简单的信息。"好像我们现在没有办法通过呈现与大学基本使命(教学和研究)有关的真正重大成果(如:教授和学生获得同行和专家认可的奖项)来踏踏实实地宣传大学。然而,只要营销计划落在那些参加大学展览会的营销人员手中,完成这项任务就很困难。这些营销人员被培训后,眼里只有"疯狂的'卖家'和'买家'",而且只关注院校在推销自己的时候为提升竞争力而尝试的各种创新性的促销手段[39]。相比之下,一位真正的学术领袖访问同一个展览会时,更想看到的是那些好奇的、兴奋的未来大学生们,以及教授和其他学生一起讨论他们感兴趣的各种课程,紧张并努力地从中做出理性的选择。大学的未来很大程度上取决于我们如何看待大学在这场展览会中的所作所为。

　　有些机构过度重视在排名中的名次,他们甚至尝试操纵数据,就像学术期刊的编辑们试图操纵他们的影响因子来提高他们在期刊排名中的名次一样(正如我们已经看到的那样)。例如,几所美国院校被证实篡改了一些指标的数据来提高在《美国新闻与世界报道》排名中的名次[40]。这让我们看到了科研评价丑陋的一面。

虚假隶属关系

　　大学排名竞争造成的学术腐败是非常糟糕的,因为某些学术机构会联系并邀请其他机构的高被引学者在出版物中增加他们的地址,并为此支付报酬。这些虚假的隶属机构,没有严格的教学或研究任务,不必建立真实的实验室也能轻松地提升他们在大学排名中的名次。当然,参与这种交易的科研人员和机构是心存愧疚的。具有讽刺意味的是,文献计量学可以用来判断科研人员和高校的学术道德问题。

由于《科学》证明了"沙特大学用现金换取学术声望"，因此我们可以更加具体地了解这场"竞赛"中的参与者们[41]。汤森路透发布的高被引学者（Highly Cited Researchers）及其隶属机构的名单蕴含了比这份表单的内容更多有趣的数据[42]。通过提供第二隶属机构的信息，这份名单无意中证实了科研隶属机构的交易被用于提升院校在世界大学中的排名。2014 年高被引学者名单中包含了 3215 名科研人员，其中有 707 个（大约 22%）科研人员在他们的论文中标注了不止一个隶属机构。需要注意到，由于可以在一篇论文中添加多个地址（院系、附属医院、研究中心等），因此拥有多个隶属机构是合理的。当看到汤森路透 WoS 中的所有数据时，我们发现大约有 18%生物医学领域的作者在署名中标注了不止一个地址，而这一比例在科学和工程学领域只有 11%，社会科学领域只有 10%，人文学科领域中只有 6%。然而，在这种情况下，人们通常期望大部分第二隶属机构所在国家与作者的第一地址一致。事实确实如此——在拥有多个地址的作者中，只有 2%至 4%的作者第二地址隶属国家不同于第一地址。但有趣的是，在国际科学认可的基础上，高被引学者的情况是截然不同的。高被引学者的相关数据显示，707 名科研人员具有一个以上的隶属机构，296 名（42%）科研人员的第二地址为国外机构，这一比例大约是普通作者的 10 倍以上。

另外一组有意思的数据是外国机构作为科研人员第二地址出现的频率。我们注意到，在出现至少 10 次的机构中，迄今为止最具"吸引力"的是沙特阿拉伯阿卜杜勒阿齐兹国王大学（King Abdulaziz University），有 130 位外国作者。这并不奇怪，因为这所大学使用外国科学家来提升其在大学排名中的名次，所以它是 2011 年《科学》杂志"新闻焦点"（News Focus）栏目精心挑选出的机构。另一方面，在高被引学者的名单中，像哈佛大学这样的科学中心，有 26 位外国高被引学者将其列为第二地址,远远少于阿卜杜勒阿齐兹国王大学。如果我们关注的是国家而不是机构,结论是相同的:沙特阿拉伯似乎对高被引学者最有吸引力,共有 134 位高被引学者的第二隶属机构位于该国;其次是美国,共有 32 位高被引学者的第二隶属机构位于美国,之后则是 19 位高被引学者的第二隶属机构位于英国。

　　显然,事实就是这些学者在论文中把沙特阿拉伯阿卜杜勒阿齐兹国王大学列为隶属机构地址,从而使该校跻身高被引大学之列。如表 4.1 所示,在高被引学者列表中,沙特阿拉伯的 163 个科研人员中有 134 人(占 82%)把该国作为第二地址而不是第一地址,只有 29 人将其列为第一地址。相比之下,大多数科研人员——即来自美国、英国、德国、法国和加拿大等发达国家,超过 90% 都将自己的国家作为第一地址,这与预想的一致。

表 4.1　汤森路透"高被引学者"第一和第二
隶属机构地址的所在国(2014)

高被引国家	高被引学者数量	该国拥有的第一地址数量	该国拥有的第二地址(与第一地址隶属国不同)数量	国外高被引学者的比例
沙特阿拉伯	163	29	134	82%
南　非	13	8	4	31%
丹　麦	38	26	7	18%
芬　兰	18	14	3	17%
新加坡	20	15	3	15%
澳大利亚	99	73	12	12%
瑞　典	33	28	3	12%
奥地利	26	18	3	12%
韩　国	27	19	3	11%
中　国	174	144	16	9%
西班牙	57	44	5	9%
爱尔兰	13	12	1	8%
意大利	63	49	4	6%
法　国	116	83	7	6%
英　国	350	304	19	5%
荷　兰	97	77	5	5%
德　国	185	162	7	4%
日　本	125	99	3	2%

(续表)

高被引国家	高被引学者数量	该国拥有的第一地址数量	该国拥有的第二地址(与第一地址隶属国不同)数量	国外高被引学者的比例
比利时	42	33	1	2%
加拿大	101	87	2	2%
美 国	1927	1698	32	2%
瑞 士	75	67	1	1%

学 术 欺 诈？

所有这些数据清楚地表明，一些机构似乎已经找到一种低成本的方法使自己在世界大学排名中保持"卓越"。同样的数据也表明，一些高被引学者已经发现了一条赚钱的捷径，即将他们的象征性资本转移到另一所大学，而不是全职雇佣于他们的大学。如果所在机构真正致力于为科研人员提供一份真正的工作，使他们能够直接为科研和教育做出贡献，从而使学生从中受益，这无可厚非。但如果机构的目的只是通过人为干预来增加目标期刊的论文数量以提升该机构在排名中的地位，就另当别论了。由于商学院必须维护其认证地位，因此也喜欢吹嘘他们在各种排名中的名次。为此，一些商学院进行了同样的战略性调整，即将外国学者列入他们的名单，根据作者发表的论文所在的期刊排名向其提供优厚的报酬，从而使自己的排名看起来更好。因此在欧洲，许多机构持有一份包含数百种期刊的清单，在这些期刊上发表论文，每篇论文的价格介于 0～20000 欧元之间。

这些"优化"的做法甚至影响了学术研究的内容。据法国《大学生报》（*L'Eétudiant*）报道，法国 IPAG 高等商学院（Institut de Préparation à l'Administration et à la Gestion）已经发现一种提升名次的方法，即将论文集中发表在中等级别的期刊上以及这些期刊钟爱的主题上。因为评价标准是根据每篇论文获得的"星"数量来确定的,所以可以通过在顶级期刊发表一篇论文来获得五颗星,也可以在一"星"期刊上发表五篇论文来获得五颗星。在任何情况下,"$1×5 = 5×1$"!来自IPAG 的研究员坦率地解释了该方案:"我们已经找到最容易发表的期刊,也尝试去写出符合他们期望的论文。"他补充说,他们不再把时间浪费在收集原始的经验数据上。相反,他们专注于购买现有资源以便于快速发表。其他机构的同行则认为这种行为存在问题,对此,另一位 IPAG 成员回应说,他们并没有制定"游戏规则",他们只是利用这个方案使产出最大化[43]。

商学院和管理学院的教授、管理者在商业领域知识渊博,他们已经学会将象征性资本货币化,这一点不足为奇。但具有讽刺意味的是,鉴于认证制度在商学院战略中的核心地位,欧洲管理发展基金会质量改进体系(EFMD Quality Improvement System)的认证标准还包括了商学院的道德问题,宣称"商学院应该清楚了解作为'具有全球责任感的公民'的使命,并在道德和可持续发展方面做出贡献"[44]。人们想知道这种公然为提升排名名次的操纵行为实际上有没有构成学术欺诈,或者它是不是一种与大学的使命相矛盾的不端行为。

目前学术市场上有很多排名,那些重视排名的院校,不太能意识到这些预料之外的、有悖常理的结果会产生。具有讽刺意味的是,一些科研人员企图将外国地址偷偷地添加到论文中来提升"竞争对手"的名次。如果我们无法指望大学管理者使用道德力量来终止这种原则上存在道德问题的把戏,那么我们可以肯定,当管理者知道他们聘请来提升机构声誉的一些全职科研人员实际上是低价帮助他们的竞争对手提高排名名次的"双重间谍"时,他们会采取相应的行动。因此,当大学管理者努力鼓励科研人员在论文中标注正确的机构地址之后,这些机构才能得到象征性收益。科研评价的滥用似乎正在使机构去核实出版物上地址的变化。

大学的新衣

    关于各种大学排名有效性的问题和目前学术界流行的研究影响力指标的许多争论充分证明,排名的用途是由政治和战略因素决定的。尽管如此,令人困惑的是,许多受过良好教育的、聪明的学者和管理人员仍然在继续使用这些通常被称为计量指标的无效指标,为其机构做宣传并应用于教师聘任和晋升的重要战略决定。

    这种情况与 19 世纪丹麦作家汉斯·克里斯蒂安·安徒生(Hans Christian Andersen)在其著名童话故事"皇帝的新衣"(The Emperor's New Clothes)中所描述的情形非常相似[1]。人们非常好奇的是,出于某种率真或愤世嫉俗,许多重视排名的学科带头人和管理者并不会像那位可怜的皇帝那样,"因为太喜欢新衣服而被两个自称裁缝的骗子蒙骗,相信他们能做出颜色最美丽和款式最精致的衣服"。这件新衣服"有一种奇妙的特性,那就是,那些不称职和头脑简单的人是看不到的"。

    皇帝的老大臣被派去监督裁缝的工作,虽然他心生疑窦,但是因为看不到所谓的新衣服,担心显得愚蠢,他告诉裁缝,自己会立即向皇帝汇报,说看到了新衣服上非常美丽的图案和款式(实际上是看不到的)。这与大学为提升名次而产生的"购买行为"类似,尽管他们都知道排名有很多问题,但却被有说服力的排名机构强有力地推动着。另一位大臣,尽管他也什么都看不到,但因为害怕失去现有的职位而称赞自己没有看到的东西,并表示对颜色和款式都非常满意,他告诉皇帝,裁缝正在缝制的新衣服(排名)非常华丽。皇帝心想,如果自己说出什么也没有看到的事实,他会感觉自己像个傻瓜一样,也有失身份。因此,他宁愿大声说道:"啊!新衣服(排名)很迷人,我非常喜欢",并表示在下次游行(呃,市场营销活动)时穿上它。

在皇帝游行的时候,所有人站在一旁高呼:"啊!陛下的新衣服多漂亮啊!多么壮观的后裙!围巾戴得多么优雅!"总之,没有人会允许自己看不到这件倍受赞誉的新衣,因为如果这样,就等于宣告自己是个傻瓜或是不称职的人。突然,人群中传来了一个天真的声音,一个小孩喊道:"他什么都没有穿呀!"终于还是有人指出了这一显而易见的事实,皇帝感到非常恼火,因为他知道人群发出的声音是对的,但是他认为游行必须继续。皇帝的内臣看起来似乎比以往任何时候都要痛苦,因为他手中托着一块并不存在的后裙。

问题是,大学的领导者是否会像皇帝一样继续每年穿着排名机构提供的"新衣"(尽管他们大多数人认为大学排名并不具有科学价值),或者他们是否会倾听理性的声音,并有勇气向少数仍然认为他们错误的人做出解释。需要提醒他们的是,大学的首要价值是真理与严谨,而不是犬儒主义和市场营销。

我们也可以不把决定权完全交给学术领导者,而是通过每次严厉批评这些行为的方式,联合起来反对那些试图将虚幻的排名强加于大学的力量,因为这些力量产生的消极影响大于积极影响。即使不存在真正思想的内在力量,理性批评更有可能打败不当用途,而不是听天由命地接受它们是不可避免的,认为反对它们是无用的。

至关重要的是文献计量方法必须超越地方观念,全面描述研究态势及判断不同层次(区域、国家和全球[2])的趋势,但是无效指标的增多会损害严肃的同行评价,这对组织的顺利运行至关重要。对简易指标和排名的批判性分析总会让人想起"魔鬼存在于细节之中"、

"通往地狱的道路是用美好愿望铺成的"。我们必须超越那些令人厌烦地重复"排名不会消失"的大众观点(不去解释其原因)并打开这些"黑匣子",用以质疑在给定范围内评价科研的每一个指标的性质和价值[3]。只有理性和技术性的分析才能确保决策建立在可靠的证据之上。在试图将实验室或大学列为"世界最好"之前,有必要准确了解:"最好"的含义是什么? 它是由谁定义的? 在什么基础上进行测量? 如果对测量的性质和后果没有清晰的定义,如同那些使用"坏掉的罗盘"和"未校准的气压计"航行的大学校长们一样,他们的船只将面临在第一场暴风雨中沉没的危险。

注释与参考文献

引言

1. 在研究与高等教育的变革方面,已经有很多著作出版,我的收藏中包括其中一些(按时间顺序列出): Bill Readings, *The University in Ruins* (Cambridge, MA: Harvard University Press, 1997); Sheila Slaughter and Larry L. Leslie, *Academic Capitalism: Politics, Policies, and the Entrepreneurial University* (Baltimore, MD: Johns Hopkins University Press, 1997); Abélard, *Universitas calamitatum: Le Livre noir des réformes universitaires* (Broissieux: éd. du Croquant, 2003); Christophe Charle and Charles Soulié (eds.), *Les Ravages de la "modernization" universitaire en Europe* (Paris: Syllepse, 2007); Franz Schultheis, Marta Roca i Escoda, and Paul-Frantz Cousin (eds.), *Le Cauchemar de Humboldt: Les réformes de l'enseignement supérieur européen* (Paris: Raisons d'Agir, 2008); Claire-Akiko Brisset (ed.), *L'Université et la recherche encolère: Un mouvement social inédit* (Broissieux: éd. du Croquant, 2009); Derek Bok, *Universities in the Marketplace: The Commercialization of Higher Education* (Princeton, NJ: Princeton University Press, 2009); Sheila Slaughter and Gary Rhoades, *Academic Capitalism and the New Economy: Markets, State, and Higher Education* (Baltimore, MD: Johns Hopkins University Press, 2009); Peter Dahler-Larsen, *The Evaluation Society* (Stanford, CA: Stanford University Press, 2012); Stefan Collini, *What Are Universites For?* (London: Penguin, 2012). The list cannot be exhaustive, though, as books continue to appear on this topic.

2. Ivar Bleiklie, "Justifying the Evaluative State: New Public Management Ideals in Higher Education," *Journal of Public Affairs Education* 4, no. 2 (1998): 87 – 100; Margit Osterloh and Bruno S. Frey, Academic Rankings between the "Republic of Science" and "New Public Management," in *The Economics of Economists: Institutional Setting, Individual Incentives, and Future Prospects*, ed.

Alessandro Lanteri and Jack Vromen（Cambridge，MA：Cambridge University Press，2014）：77–103.

3. 每门学科似乎都发现相同的问题，同时又忘记了之前在相邻领域的辩论。文献计量学最初仅局限于科学计量学的专业期刊，但是现在很多学科的期刊，尤其是生物医学期刊上被讨论。在法国，特别是在学术争论异常激烈的情况下，许多学术期刊在过去七年里一直致力于科研评价问题的专题研究，如 *Le Débat*，no.156（2009）；*L'Homme et la société*，no.178（2010）；*Communication et organization*，no.38（2010）；*Connexions*，no.93（2010）；*Quaderni*，no.77（2012）；*Esprit*（July 2012）；*Mouvements*，no.71（2013）；see also Albert Ogien，*Désacraliser le chiffre dans l'évaluation du secteur public*（Versailles：Quae，2013）.

4. Benoît Floc'h，"Le classement de Shanghaïaffole les universités pas les étudiants，" *Le Monde*，August 15，2015；see also Joël Bourdin，*Rapport d'information fait au nom de la délégation du Sénat pour la Planification sur le défi des classements dans l'enseignementsupérieur*. Appendix to the minutes of the July 2，2008 meeting，p.98；accessed December 21，2015，http://www.senat.fr/rap/r07-442/r07-4421.pdf. The data come from a 2015 survey of 600 students from 46 countries on five continents；see *Les notes Campus France*，May 2015；accessed December 21，2015，http://ressources.campusfrance.org/publi_institu/agence_cf/notes/fr/note_47_fr.pdf.

5. Blaise Cronin and Cassidy Sugimoto（eds.），*Bibliometrics and Beyond: Metrics-Based Evaluation of Scholarly Research*（Cambridge，MA：MIT Press，2014）；see also the collection of reprints by Blaise Cronin and Cassidy Sugimoto（eds.），*Scholarly Metrics under the Microscope: From Citation Analysis to Academic Auditing*. Medford，NJ：Information Today，Inc./ASIST，2015.

6. Michel Zitt，"Book review of *Les dérives de l'évaluation de la recherché*，" *Journal of the Association for Information Science and Technology* 66，no.10（October 2015）：2171–2176.

7. Ibid.，p.2175.

8. Pierre Vrignaud，"La mesure de la littératie dans PISA：La méthodologie est la réponse，mais quelle était la question？" *Education et formation*，no.78（November 2008）：69.

9. 一些相关的思考讨论已经在"评价体系的研究"（"Les systèmes d'évaluation de la recherche"）发表许多年，请见 *Documentaliste-Science de l'information*，4（November 2009）：34–35；"Du mauvais usage de faux indicateurs，" *Revue d'histoire moderne et contemporaine* 5，no.4bis（2008）：67–79；"Le classement

de Shanghai n'est pas scientifique," *La Recherche*, May 2009: 46 – 50; "Marketing Can Corrupt Universities," *University Affairs* (January 2009); "Criteria for Evaluating Indicators," in *Bibliometrics and Beyond: Metrics-Based Evaluation of Scholarly Research*, Cronin and Sugimoto (eds.); "The Abuses of Research Evaluation," *University World News*, no.306, February 7, 2014; and "How to Boost Your University up the Rankings," *University World News*, no. 329, July 18, 2014.

第一章

1. Yuri V. Granosky, "Is It Possible to Measure Science? V. V. Nalimov's Research in Scientometrics," *Scientometrics* 52, no.2 (2001): 127 – 150.

2. Alan Pritchard, " Statistical Bibliography or Bibliometrics?" *Journal of Documentation* 24 (1969): 348 – 349.

3. Virgil P. Diodato, *Dictionary of Bibliometrics* (New York: Haworth Press, 1994); Henk F. Moed, *Citation Analysis in Research Evaluation* (Dordrecht, the Netherlands: Springer, 2005), Nicola De Bellis, *Bibliometrics and Citation Analysis: From the Science Citation Index to Cybermetrics* (Lanham, MD: Scarecrow Press, 2009).

4. Alfred J. Lotka, "The Frequency Distribution of Scientific Productivity," *Journal of the Washington Academy of Sciences* 16, no.12 (1926): 317 – 324.

5. Benoît Godin, " On the Origins of Bibliometrics," *Scientometrics* 68, no. 1 (2006): 109 – 133.

6. F. J. Cole and Nellie B. Eales, "The History of Comparative Anatomy. Part I: A Statistical Analysis of the Literature," *Science Progress* 11, no.44 (1917): 578 – 596.

7. P. L. K. Gross and E. M. Gross, "College Libraries and Chemical Education," *Science* 66, no.1713 (October 1927): 385 – 389.

8. Oden E. Shepard, "The Chemistry Student Still Needs a Reading Knowledge of German," *Journal of Chemical Education* 12, no.10 (1935): 472 – 473.

9. Richard L. Barrett and Mildred A. Barrett, "Journals Most Cited by Chemists and Chemical Engineers," *Journal of Chemical Education*, 34, no.1 (1957): 35 – 38.

10. Robert N. Broadus, "An Analysis of Literature Cited in the *American Sociological Review*," *American Sociological Review*, 17 (1952): 355 – 357.

11. Robert E. Burton and W. W. Kebler, "The 'Half-Life' of Some Scientific and Technical Literatures," *American Documentation*, 11, no.1 (1960): 18 – 22.

12. Norman T. Ball, Review of 'The Royal Society Scientific Information Conference'

Library Quarterly 20, no.1（1950）: 45.

13. William C. Adair, " Citation Indexes for Scientific Literature," *American Documentation* 6, no.1（1955）: 31 - 32.

14. Eugene Garfield, " Citation Indexes for Science. A New Dimension in Documentation through Association of Ideas," *Science* 122, no. 5（1955）: 108 - 111.

15. 有关 ISI 和 SCI 创建的更多细节,请见 Paul Wouters, "The Citation Culture"（PhD dissertation, University of Amsterdam, 1999）, accessed December 21, 2015, http://garfield. library. upenn. edu/wouters/wouters. pdf; see also Blaise Cronin and Helen Barsky Atkins（eds.）, *The Web of Knowledge. A Festschrift in Honor of Eugene Garfield*（Medford, NJ: ASIS Monograph Series, 2000）.

16. Derek J. de Solla Price, "Quantitative Measures of the Development of Science," *Archives internationales d'histoire des sciences* 4, no.14（1951）: 86 - 93.也可以参见他的两本开创性的著作: *Science since Babylon*（New Haven, CT: Yale University Press, 1961）; and *Little Science, Big Science*（New York: Columbia University Press, 1963）.

17. Kenneth O. May, "Quantitative Growth of the Mathematical Literature" *Science* 154, no.3757（1966）: 1672 - 1673.

18. Derek J. de Solla Price, "Networks of Scientific Papers," *Science* 149, no.3683（1965）: 510 - 515.

19. 关于研究与发展统计的历史,请见 Benoît Godin, *Measurement and Statistics on Science and Technology*（London: Routledge, 2005）.

20. OECD, "Proposed Standard Method for Surveys of Research and Development," in *The Measurement of Scientific and Technological Activities*, Directorate for Scientific Affairs, DAS/PD/62.47（Paris: OECD, 1963）.

21. Derek J. de Solla Price, "The Scientific Foundations of Science Policy," *Nature* 206, no.4981（1965）: 233 - 238.

22. Francis Narin, *Evaluative Bibliometrics. The Use of Publication and Citation Analysis in the Evaluation of Scientific Activity*（Cherry Hill, NJ: Computer Horizons Inc., 1976）; Francis Narin, Kimberly S. Hamilton, and Dominic Olivastro, "The Development of Science Indicators in the United States," in Blaise Cronin and Helen Barsky Atkins（eds.）, *The Web of Knowledge*, 337 - 360.

23. Narin, Hamilton, and Olivastro, "The Development of Science Indicators in the United States," 352 - 353.

24. 主要贡献者是德里克·德·索拉·普赖斯（Derek de Solla Price）、尤金·加菲尔德（Eugene Garfield）和他的合作者亨利·斯莫尔（Henry Small）、社会学家斯蒂芬（Stephen）和乔纳森·R·科尔（Jonathan R. Cole）。在组织者中，有人找到了科学社会学家罗伯特·K·默顿（Robert K. Merton）和生物学家约书亚·莱德伯格（Joshua Lederberg），他们在 20 世纪 50 年代末帮助加菲尔德获得研究资助。请见 Yehuda Elkana, Joshua Lederberg, Robert K. Merton, Arnold Thackray, and Harriet Zuckerman（eds.）, *Toward a Metric of Science. The Advent of Science Indicators*（New York：John Wiley & Sons, 1978）.

25. Gerald Holton, "Can Science Be Measured?," in *Toward a Metric of Science. The Advent of Science Indicators*, Yehuda Elkana et al., 39 – 68; Stephen Cole, Jonathan R. Cole, and Lorraine Dietrich, "Measuring the Cognitive State of Scientific Disciplines," ibid., 209 – 252; Eugene Garfield, Morton V. Malin, and Henry Small, "Citation Data as Science Indicators," ibid., 179 – 207.

26. T. D. Wilson, "The Nonsense of ' Knowledge Management,'" *Information Research* 8, no.1（2002）, accessed December 21, 2015, http://InformationR. net/ir/8-1/paper144. html; Michael Power, "The Audit Society—Second Thoughts," *International Journal of Auditing* 4, no.1（2000）：111 – 119; Isabelle Bruno and Emmanuel Didier, *Benchmarking: L'État sous pression statistique*（Paris：La Découverte, 2013）.

第二章

1. Keith Pavitt, "Patent Statistics as Indicators of Innovative Activities：Possibilities and Problems," *Scientometrics* 7, no.1 – 2（1985）：77 – 99.

2. Francis Narin and Dominic Olivastro, "Linkage between Patents and Papers：An Interim EPO/US Comparison," *Scientometrics* 41, no.1 – 2（1998）：51 – 59.

3. Letter from Eugene Garfield to Harriet Zuckerman, August 18, 1971, cited by Paul Wouters, *The Citation Culture*, 102.

4. Eugene Garfield and Irving H. Sher, "The Use of Citation Data in Writing the History of Science," *American Documentation* 14, no.3（1963）：195 – 201; Eugene Garfield, "From the Science of Science to Scientometrics：Visualizing the History of Science with HistCite Software," *Journal of Informetrics* 3, no.3（2009）：173 – 179.

5. Henry Small, *Physics Citation Index, 1920 – 1929*（Philadelphia：ISI, 1981）; Henry Small, "Recapturing Physics in the 1920s Through Citation Analysis," *Czechoslovak Journal of Physics*, 36, no.1（1986）：142 – 147.

6. 更多细节请参考：http://wokinfo.com/products_tools/backfiles/coss, accessed December 21, 2015; and http://wokinfo. com/products _ tools/backfiles/cos,

accessed December 21, 2015.

7. David Edge, "Quantitative Measures of Communication in Science: A Critical Review," *History of Science* 17, no.36, Pt. 2 (1979): 102 – 134.

8. Matthew L. Wallace, Vincent Larivière, and Yves Gingras, "Modeling a Century of Citation Distributions," *Journal of Informetrics* 3, no.4 (2009): 296 – 303.

9. Daniele Fanelli and Vincent Larivière, "Are Scientists Really Publishing More?" *Proceedings of the 15th International Conference of the International Society for Scientometrics and Informetrics* (2015): 652 – 653.

10. Eugene Garfield and Irving H. Sher, "New Factors in the Evaluation of Scientific Literature through Citation Indexing," *American Documentation* 14, no. 3 (1963): 195 – 201.

11. Vincent Larivière, Benoît Macaluso, Éric Archambault, and Yves Gingras, "Which Scientific Elites? On the Concentration of Research Funds, Publications, and Citations," *Research Evaluation* 19, no.1 (2010): 45 – 53.

12. Robert K. Merton, *The Sociology of Science* (Chicago: University of Chicago Press, 1973), 449 – 459.

13. Alan E. Bayer and John K. Folger, "Some Correlates of a Citation Measure of Productivity in Science," *Sociology of Education* 39 (1966): 381 – 390.

14. Eugene Garfield and Irving H. Sher, "New Tools for Improving and Evaluating the Effectiveness of Research," in *Research Program Effectiveness*, *Proceedings of the Conference Sponsored by the Office of Naval Research*, *Washington*, *D.C.*, *July 27 – 29, 1965*, M. C. Yovits, D. M. Gilford, R. H. Wilcox, E. Staveley, and H. D. Lemer, eds. (New York: Gordon and Breach, 1966), 135 – 146, accessed December 21, 2015, http://www.garfield.library.upenn.edu/papers/onrpaper.html.

15. Jonathan R. Cole and Stephen Cole, *Social Stratification in Science* (Chicago: University of Chicago Press, 1973).

16. Yu Liu, Weijia Li, Zhen Huang, and Qiang Fang, "A Fast Method Based on Multiple Clustering for Name Disambiguation in Bibliographic Citations," *Journal of the Association for Information Science and Technology*, 66, no.3 (2015): 634 – 644; Ciriaco Andrea D'Angelo, Cristiano Giuffrida, and Giovanni Abramo, "A Heuristic Approach to Author Name Disambiguation in Bibliometrics Databases for Large-Scale Research Assessments," *Journal of the American Society for Information Science and Technology*, 62, no.2 (2011): 257 – 269.

17. Perry W. Wilson and Edwin B. Fred, "The Growth Curve of a Scientific

Literature," *Scientific Monthly* 41 (1935): 240 – 250.

18. Jack H. Westbrook, "Identifying Significant Research," *Science* 132, no.3435 (1960): 1229 – 1234; J. C. Fisher, "Basic Research in Industry. A Count of Scientific Publications Suggests the Extent of U. S. Industry's Effort in Basic Research," *Science* 129, no.3364 (1959): 1653 – 1657.

19. G. Nigel Gilbert, "Measuring the Growth of Science. A Review of Indicators of Scientific Growth," *Scientometrics* 1, no.1 (1978): 9 – 34.

20. Olessia Kirchik, Yves Gingras, and Vincent Larivière, "Changes in Publication Languages and Citation Practices and Their Effect on the Scientific Impact of Russian Science (1993 – 2010)," *Journal of the American Society for Information Science and Technology* 63, no.7 (2012): 1411 – 1419.

21. See, for example, A. Schubert, W. Glanzël, and T. Braun, "Scientometric Datafiles. A Comprehensive Set of Indicators on 2649 Journals and 96 Countries in All Major Science Fields and Subfields, 1981 – 1985," *Scientometrics* 16, no.1 – 6 (1989): 3 – 478.

22. Francis Narin, "Patent Bibliometrics," *Scientometrics* 30, no.1 (1994): 147 – 155.

23. P. W. Hart and J. T. Sommerfeld, "Relationship between Growth in Gross Domestic Product (GDP) and Growth in the Chemical Engineering Literature in Five Different Countries," *Scientometrics* 42, no.3 (1998): 299 – 311.

24. Vincent Larivière, Éric Archambault, Yves Gingras, and Etienne Vignola-Gagné, "The Place of Serials in Referencing Practices: Comparing Natural Sciences and Engineering with Social Sciences and Humanities," *Journal of the American Society for Information Science and Technology* 57, no.8 (2006): 997 – 1004.

25. Elisabeth S. Clemens, Walter W. Powell, Kris McIlwaine, and Dina Okamoto, "Careers in Print: Books, Journals, and Scholarly Reputations," *American Journal of Sociology* 101, no.2 (1995): 433 – 494.

26. Yves Gingras, "L'évolution des collaborations scientifiques entre le Québec, le Canada et l'union européenne (1980 – 2009)," *Globe. Revue internationale d'études québécoises* 14, no.2 (2011): 185 – 197.

27. Vincent Larivière and Yves Gingras, "Measuring Interdisciplinarity," in *Beyond Bibliometrics: Harnessing Multidimensional Indicators of Scholarly Impact*, Blaise Cronin and Cassidy R. Sugimoto, eds. (Cambridge, MA: MIT Press, 2014), 187 – 200.

28. Yves Gingras, "The Transformation of Physics from 1900 to 1945," *Physics in*

Perspective 12, no.3 (2010): 248－265.

29. S. Phineas Upham and Henry Small, "Emerging Research Fronts in Science and Technology: Patterns of New Knowledge Development," *Scientometrics* 83, no.1 (2010): 15－38; Dangzhi Zhao and Andrew Strotmann, "Can Citation Analysis of Web Publications Better Detect Research Fronts?" *Journal of the American Society for Information Science and Technology* 58, no.9 (2007): 1285－1302.

30. Michael M. Kessler, "Bibliographic Coupling between Scientific Papers," *American Documentation* 14, no.1 (1963): 10－25.

31. Henry Small, "Co-Citation in Scientific Literature: A New Measure of Relationship between Two Documents," *Journal of the American Society for Information Science* 24, no.4 (1973): 265－269.

32. Matthew L. Wallace, Yves Gingras, and Russell Duhon, "A New Approach for Detecting Scientific Specialties from Raw Cocitation Networks," *Journal of the American Society for Information Science and Technology* 60, no.2 (2009): 240－246.

33. Kevin W. Boyack, Richard Klavans, and Katy Börner, "Mapping the Backbone of Science," *Scientometrics* 64, no.3 (2005): 351－374; Katy Börner, Richard Klavans, Michael Patek, Angela Zoss, Joseph R. Biberstine, Robert Light, Vincent Larivière, and Kevin W. Boyack, Design and Update of a Classification System: The UCSD Map of Science. *PLoS ONE* 7, no.7 (2012): e39464.

34. Jean Piaget, "Le système et la classification des sciences," in *Logique et connaissance scientifique*, Jean Piaget, ed. (Paris: Gallimard, 1967), 1151－1224.

35. 参见凯蒂·博纳的陈述,*Atlas of Science. Visualizing What We Know* (Cambridge, MA: MIT Press, 2010); see also: scimaps.org/atlas/maps, accessed December 21, 2015.

36. Council of Canadian Academies, *Informing Research Choices: Indicators and Judgment* (Ottawa: Council of Canadian Academies, 2012).

37. 此处被引用文献的年龄被测量为出版年份和被引用文献的年份之间的差异。Vincent Larivière, Éric Archambault, and Yves Gingras, "Long-Term Variations in the Aging of Scientific Literature: From Exponential Growth to Steady-State Science (1900－2004)," *Journal of the American Society for Information Science and Technology* 59 (2008): 288－296.

38. Wallace, Larivière, and Gingras, "Modeling a Century of Citation Distributions."

39. Vincent Larivière, Éric Archambault, Yves Gingras, and Matthew L. Wallace, "The Fall of Uncitedness," in *Book of Abstracts of the 10th International*

Conference on Science and Technology Indicators（2008）: 279 - 282.

40. C. King, "Cold Fusion, Yes or No," *Science Watch* 1, no.3（1990）: 7 - 8; see also *New Scientist*, no.1713, April 21, 1990, "In Brief: Citations Track the Fate of Cold Fusion."

41. Michael J. Moravcsik and Poovanalingam Murugesan, "Some Results on the Function and Quality of Citations," *Social Studies of Science* 5, no.1（February 1975）: 86 - 92.

42. Anthony F. J. van Raan, "Sleeping Beauty in Science," *Scientometrics* 59, no.3（2004）: 461 - 466.

43. Yves Gingras, "La carrière des publications d'Ettore Majorana. Une étude bibliométrique," *Revue de synthèse* 134, no.1（2013）: 75 - 87.

44. Peter A. Lawrence, "The Mismeasurement of Science," *Current Biology* 17, no.15（2007）: R584 - R585.

45. Francesco Becattini, Arnab Chatterjee, Santo Fortunato, Marija Mitrović, Raj Kumar Pan, and Pietro Della Briotta Parolo, "The Nobel Prize Delay," arXiv: 1405.7136v1 [physics.soc-ph], May 28, 2014.

46. Yves Gingras, "Revisiting the 'Quiet Debut' of the Double Helix: A Bibliometric and Methodological Note on the 'Impact' of Scientific Publications," *Journal of the History of Biology* 43, no.1（2010）: 159 - 181.

47. Yves Gingras, "The Collective Construction of Scientific Memory: The Einstein-Poincaré Connection and Its Discontents, 1905 - 2005," *History of Science* 46, no.1（March 2008）: 75 - 114; Gingras, "The Transformation of Physics from 1900 to 1945."

48. Eugene Garfield, "Random Thoughts on Citationology. Its Theory and Practice," *Scientometrics* 43, no.1（1998）: 69 - 76.

49. Eugene Garfield, "'Science Citation Index'. A New Dimension in Indexing," *Science*, 144, no.3619（May 1964）: 649 - 654.

50. Norman Kaplan, "The Norms of Citation Behavior: Prolegomena to the Footnote," *American Documentation* 16, no.3（1965）: 179 - 184.

51. Warren O. Hagstrom, *The Scientific Community*（New York: Basic Books, 1965）.

52. Derek de Solla Price, *Little Science, Big Science*,（New York: Columbia University Press, 1963）, 65.

53. Charles Bazerman, *Shaping Written Knowledge*（Madison: University of Wisconsin Press, 1988）.

54. James E. McClellan, *Specialist Control. The Publications Committee of the*

Académie Royale des Sciences (*Paris*), *1700 – 1793* (Philadelphia: American Philosophical Society, 2003), 33.

55. For a survey, see Loet Leydesdorff, "Theories of Citation?" *Scientometrics* 43, no.1 (1998): 5 – 25; Julian Warner, "A Critical Review of the Application of Citation Studies to the Research Assessment Exercises," *Journal of Information Science*, 26, no.6 (2000): 453 – 460.

56. Blaise Cronin, *The Citation Process. The Role and Significance of Citations in Scientific Communication* (London: Taylor Graham, 1984). For a recent review of citations, see Jeppe Nicolaisen, "Citation Analysis," *Annual Review of Information Science and Technology* 41, no.1 (2007): 609 – 641.

57. Gingras, "The Collective Construction of Scientific Memory."

58. G. Nigel Gilbert, "Referencing as Persuasion," *Social Studies of Science* 7, no.1 (1977): 113 – 122.

59. Joseph Bensman, "The Aesthetics and Politics of Footnoting," *Politics*, *Culture*, *and Society* 1, no.3 (1988): 443 – 470; paradoxically, this long essay contains no references or data, but it does speculate on strategic citations and the inflation of self-citations.

60. Vincent Larivière, Alesia Zuccala, and Éric Archambault, "The Declining Scientific Impact of Theses: Implications for Electronic Thesis and Dissertation Repositories and Graduate Studies," *Scientometrics* 74, no.1 (2008): 109 – 121; see also Matthew L. Wallace, Vincent Larivière, and Yves Gingras, "A Small World of Citations? The Influence of Collaboration Networks on Citation Practices," *PLoS ONE* 7, no.3 (2012), e33339, doi: 10.1371/journal.pone. 0033339.

61. Susan Bonzi and Herbert W. Snyder, "Motivations for Citation: A Comparison of Self Citations and Citations to Others," *Scientometrics* 21, no.2 (1991): 245 – 254; see also Béatrice Milard, "The Social Circles behind Scientific References: Relationships between Citing and Cited Authors in Chemistry Publications," *Journal of the Association for Information Science and Technology* 65, no.12 (2014): 2459 – 2468; Martin G Erikson and Peter Erlandson, "A Taxonomy of Motives to Cite," *Social Studies of Science* 44, no.4 (2014): 625 – 637.

62. 数据来自尤金·加菲尔德的 "From Bibliographic Coupling to Co-Citation Analysis via Algorithmic Historio-Bibliography: A Citationist's Tribute to Belver C. Griffith," Lazerow Lecture presented at Drexel University, Philadelphia, November 27, 2001, 3, accessed December 21, 2015, http://garfield.library. upenn.edu/papers/drexelbelvergriffith92001.pdf.

第三章

1. European Science Foundation（ESF），*ESF Survey Analysis Report on Peer Review Practices*，ESF，March 2011，accessed December 21，2015，www.esf. org/fileadmin/Public_documents/Publications/pr_guide_survey.pdf

2. Marie Boas Hall，*Henry Oldenburg: Shaping the Royal Society*（Oxford，UK：Oxford University Press，2002），84.丹尼斯·德·萨洛出版的《学者杂志》（*The Journal des savants*）始于 1665 年 1 月，但三个月后遭到查理二世的谴责。之后它再次出版，但是其内容仍然非常多样，包括了文学界所有的活动。因此，与其说是像会议论文集似的同行评价的科学期刊，不如说是一份文学公报。

3. Ibid.，167–170.

4. Arthur J. Meadows，*Communication in Science*（London：Butterworths，1974），66–90.

5. Lewis Pyenson，"Physical Sense in Relativity：Max Planck Edits the *Annalen der Physik*，1906–1918，" *Annalen der Physik* 17，no.2–3（2008）：176–189.

6. 更多细节，请见 Daniel Kennefick，"Einstein versus the *Physical Review*，" *Physics Today* 58，no.9（2005）：43–48.

7. Yves Gingras，*Physics and the Rise of Scientific Research in Canada*（Montreal：McGill-Queen's University Press，1991）.

8. James M. England，*A Patron for Pure Science: The National Science Foundation's Formative Years*，*1945 – 1957*（Washington DC：NSF，1982）；Roger L. Geiger，*To Advance Knowledge: The Growth of American Research Universities*，*1900 – 1940*（New York：Oxford University Press，1986）；Gerald Jonas，*The Circuit Riders: Rockefeller Money and the Rise of Modern Science*（New York：W.W. Norton，1989）.

9. Stephen Cole，Jonathan R. Cole，and Gary A. Simon，"Chance and Consensus in Peer Review，" *Science* 214，no.4523（1981）：881–886.

10. 关于判断标准的详细研究，请见 Michèle Lamont，*How Professors Think: Inside the Curious World of Academic Judgment*（Cambridge，MA：Harvard University Press，2009）.

11. 要分析数字与客观性的关系，请见 Theodore M. Porter，*Trust in Numbers: The Pursuit of Objectivity in Science and Public Life*（Princeton，NJ：Princeton University Press，1996）.

12. Thane Gustafson，"The Controversy over Peer Review，" *Science* 190，no.4219（December 1975）：1060–1066.

13. R. N. Kostoff，"Performance Measures for Government-Sponsored Research：

Overview and Background," *Scientometrics* 36, no.3 (1996): 281 – 292; for a recent and complete survey of the literature, see Paul Wouters, Mike Thelwall, Kayvan Kousha, Ludo Waltman, Sarah de Rijcke, Alex Rushforth, and Thomas Franssen, *The Metric Tide: Literature Review (Supplementary Report I to the Independent Review of the Role of Metrics in Research Assessment and Management)* (HEFCE, 2015).

14. See, for example, David Crouch, John Irvine, and Ben R. Martin, "Bibliometric Analysis for Science Policy: An Evaluation of the United Kingdom's Research Performance in Ocean Currents and Protein Crystallography," *Scientometrics* 9, no.5 – 6 (1986): 239 – 267; K. C. Garg and M. K. D. Rao, "Bibliometric Analysis of Scientific Productivity: A Case Study of an Indian Physics Laboratory," *Scientometrics* 13, no.5 (1988): 261 – 269.

15. 举几个例子很容易,但一个就足够了。In a paper published in 2015 in a journal generally considered as "prestigious," the *Proceedings of the National Academy of Science*, the authors studied negative citations and (incorrectly) affirmed that "we know little about the different ways in which a study can be cited"; 2015 年在一本所谓权威的期刊《国家科学院论文集》上发表的一篇论文,作者们研究了负面引用(negative citations),并(不正确地)确认"我们对于研究被引用的不同方式一无所知",请见 Christian Catalini, Nicola Lacetera, and Alexander Oetti, "The Incidence and Role of Negative Citation in Science," *Proceedings of the National Academy of Science* 112, no.45 (2015): 13823 – 13826.在那篇论文的 28 篇参考文献中,没有一篇是参考文献计量学的标准期刊,在那些期刊上,作者会发现很多关于负面引用和引文动机的论文。最新一篇引文的述评,请见 Jeppe Nicolaisen, "Citation Analysis," in Blaise Cronin (ed.), *Annual Review of Information Science and Technology*, vol.41, 2007, p.609 – 641.

16. 对不同国家的招聘流程的分析,请见 Christine Musselin, *Le Marché des universitaires* (Paris: Presses de Sciences Po, 2006).

17. Eugene Garfield, "Citation Indexes in Sociological and Historical Research," *American Documentation*, 14 (4), 1963, 289 – 291.

18. Eugene Garfield, "Citation Indexing for Studying Science," *Nature* 227 (1970): 669 – 671.

19. Yves Gingras and Matthew L. Wallace, "Why It Has Become More Difficult to Predict Nobel Prize Winners: A Bibliometric Analysis of Nominees and Winners of the Chemistry and Physics Prizes (1901 – 2007)," *Scientometrics* 82, no.2 (February 2010): 401 – 412.

20. Garfield, "Citation Indexing for Studying Science," 671.

21. Janet B. Bavelas, "The Social Psychology of Citations," *Canadian Psychological Review* 19, no.2（1978）: 158 – 163.

22. Porter, *Trust in Numbers*.

23. Nicholas Wade, "Citation Analysis: A New Tool for Science Administrators," *Science* 188, no.4187（1975）: 429 – 432.

24. Jorge E. Hirsch, "An Index to Quantify an Individual's Scientific Research Output," *Proceedings of the National Academy of Sciences* 102, no.46（2005）: 16569 – 16572.

25. Thed N. van Leeuwen, "Testing the Validity of the Hirsch-Index for Research Assessment Purposes," *Research Evaluation* 17, no.2（2008）: 157 – 160.

26. Ludo Waltman and Nees Jan van Eck, "The Inconsistency of the H-Index," *ArXiv: 1108.3901v1*（August 19, 2011）.

27. 最佳标准化问题是文献计量学专家讨论的一个技术问题,请见 Michel Zitt, Suzy Ramanana-Rahary, and Elise Bassecoulard, "Relativity of Citation Performance and Excellence Measures: From Cross-Field to Cross-Scale Effects of Field-Normalisation," *Scientometrics* 63, no.2,（2005）: 373 – 401; Loet Leydesdorff, Filippo Radicchi, Lutz Bornmann, Claudio Castellano, and Wouter de Nooy, "Field-Normalized Impact Factors: A Comparison of Rescaling versus Fractionally Counted Ifs," *Journal of the American Society for Information Science and Technology* 64, no 11（2013）: 2299 – 2309; Lutz Bornmann, Loet Leydesdorff, and Jian Wang, "Which Percentile-Based Approach Should Be Preferred for Calculating Normalized Citation Impact Values? An Empirical Comparison of Five Approaches Including a Newly Developed One（P100）," *Journal of Informetrics* 7, no 4（2013）, 933 – 944.

28. 不幸的是,h 指数在文献计量专家中已经造成了一些推测性的"泡沫"（a speculative "bubble"）。许多论文在用不同的方式使用它之前忘记质疑其有效性,常常试图通过将其与年龄等其他变量相除或相乘来纠正其明显的缺陷。有关此"泡沫"的分析,请参见 Ronald Rousseau, Carlos García-Zorita, and Elias Sanz-Casado, "The H-Bubble," *Journal of Informetrics* 7, no.2（2013）: 294 – 300.

29. Sophie L. Rovner, "The Import of Impact: New Types of Journal Metrics Grow More Influential in the Scientific Community," *C&EN Chemical and Engineering News* 86, no.21,（2008）: 39 – 42.

30. Robert Adler, John Ewing, and Peter Taylor, "'Citation Statistics,' A Report from the International Mathematical Union（IMU）in Cooperation with the International Council of Industrial and Applied Mathematics（ICIAM）and the

Institute of Mathematical Statistics（IMS），" *Statistical Science* 24，（2009）：1－14.

31. For a history of this journal indicator，这个期刊指标的历史，请参见 Éric Archambault and Vincent Larivière，"History of Journal Impact Factor：Contingencies and Consequences，" *Scientometrics* 79，no.3（2009）：639－653，and Stephen J. Bensman，"Garfield and the Impact Factor，" *Annual Review of Information Science and Technology* 41，no. 1（2007）：93－155.

32. Wolfgang Glänzel and Henk F. Moed，"Journal Impact Measures in Bibliometric Research，" *Scientometrics* 53，no.2（2002）：171－193.

33. Allen W. Wilhite and Eric A. Fong，"Coercive Citation in Academic Publishing，" *Science* 335，no.3（February 2012）：542－543.

34. Richard Smith，"Journal Accused of Manipulating Impact Factor，" *British Medical Journal* 314，no.7079（1997）：461；Frank-Thorsten Krell，"Should Editors Influence Journal Impact Factors？" *Library Publishing* 23，no.1（2010）：59－62.

35. James Testa，"Playing the System Puts Self-Citation's Impact Under Review，" *Nature* 455，no.7214（2008）：729.

36. Paul Jump，"Journal Citation Cartels on the Rise，" *Times Higher Education*，June 21，2013，accessed December 21，2015，http：//www.timeshighereducation.co.uk/news/journal-citation-cartels-on-the-rise/2005009.article.

37. 关于科研不端与欺诈的社会学基础，请见 Robert K. Merton，*The Sociology of Science*（Chicago：University of Chicago Press，1973），309－321.

38. Richard Van Noorden，"Brazilian Citation Scheme Outed：Thomson Reuters Suspends Journals from Its Rankings for 'Citation Stacking，'" *Nature* 500，no. 7460（2013）：510－511.

39. 有关犯罪学杂志的案例，请参见 Thomas Baker，"An Evaluation of Journal Impact Factors：A Case Study of the Top Three Journals Ranked in Criminology and Penology，" *The Criminologist* 40，no.5（2015）：5－13.

40. Editorial，"Not so Deep Impact，" *Nature* 545，no.7045（2005）：1003－1004.

41. Per O. Seglen，"Why the Impact Factor of Journals Should Not Be Used for Evaluating Research，" *British Medical Journal* 314，no. 7079（1997）：498－502；Henk F. Moed，"The Future of Research Evaluation Rests with an Intelligent Combination of Advanced Metrics and Transparent Peer Review，" *Science and Public Policy* 34，no 8（2007）：575－583.

42. See for example，Editorial，"China's Medical Research Integrity Questioned，" *The Lancet*，385，no.9976（April 11，2015）：1365.

43. Ichiko Fuyuno and David Cyranoski, "Cash for Papers: Putting a Premium on Publication," *Nature* 441, no.7095 (June 15, 2006): 792; see also, in the same issue, Editorial, "Cash-per-Publication," 786.

44. Bruce Alberts, "Impact Factor Distortions," *Science* 340, no.6134 (May 17, 2013): 787.

45. American Society for Cell Biology, "San Francisco Declaration on Research Assessment," accessed December 21, 2015, http://am.ascb.org/dora.

46. Nicolas Gallois, "Les conséquences des nouveaux critères d'évaluation des chercheurs en science économique," *L'économie politique* 59 (2013): 98–112. 值得注意的是, 尤金·加菲尔德自己把影响因子的引用表示为小数点后三位。ISI 使用小数点后三位来减少具有相同因子等级的期刊的数量。JAMA 的影响是否被引用为 21.5 而不是"21.455"是非常重要的, 请见 Eugene Garfield, "The Agony and the Ecstasy — The History and Meaning of the Journal Impact Factor", International Congress on Peer Review And Biomedical Publication Chicago, September 16, 2005, http://garfield.library.upenn.edu/papers/jifchicago2005.pdf, p.5.

47. 副作用的列表请见 Arturo Casadevall and Ferric C. Fang, "Causes for the Persistence of Impact Factor Mania," *mBio* 5, no.2 (2014): 1–5;法学院排名的社会学分析,请见 W. N. Espeland and M. Sauder, "Rankings and Reactivity: How Public Measure Recreates Social Worlds," *American Journal of Sociology* 113, no.1 (2007): 1–40.

48. Richard van Noorden, "Nature Owner Merges with Publishing Giant," *Nature*, January 15, 2015, http://www.nature.com/news/nature-owner-merges-with-publishing-giant-1.16731.

49. http://www.natureindex.com/faq#introduction2, accessed December 28, 2015.

50. 为了比较现存排名和他们多样化的指标,请见 shttp://www.universityrankings.ch, accessed December 21, 2015. 批判性分析请见 Malcolm Gladwell, "The Order of Things. What College Rankings Really Tell Us," *The New Yorker*, February 14–21, 2011, pp.68–75, and Alia Wong, "College-Ranking World," *The Atlantic*, November 9, 2015, accessed December 21, 2015, http://www.theatlantic.com/education/archive/2015/11/a-college-rankings-world/414759/.

51. Joël Bourdin, *Rapport d'information fait au nom de la délégation du Sénat pour la Planification sur le défi des classements dans l'enseignement supérieur.* Appendix to the minutes of the July 2, 2008 meeting, p.53, accessed December 21, 2015, http://www.senat.fr/rap/r07-442/r07-4421.pdf.

52. Paris Tech Mines, *International Professional Ranking of Higher Education*

Institutions, 2011, p. 1, accessed December 21, 2015, http://www. mines-paristech.fr/Donnees/data03/334-10.-Classements.pdf.

53. For details, see www.rae.ac.uk, accessed December 21, 2015.

54. For details, see http://www.ref.ac.uk, accessed December 21, 2015.

55. Higher Education Funding Council for England (HEFCE), *The Metric Tide: Correlation Analysis of REF2014 Scores and Metrics* (*Supplementary Report II to the Independent Review of the Role of Metrics in Research Assessment and Management*), 2015, HEFCE. DOI: 10.13140/RG.2.1.3362.4162.

56. "Accountability Review Puts the Cost of REF 2014 at Almost £ 250 Million," *Times Higher Education*, July 13, 2015, accessed December 21, 2015, https://www.timeshighereducation.com/news/ref-2014-cost-250-million.

57. http://www.ref.ac.uk/, accessed December 21, 2015.

58. Linda Butler, "Explaining Australia's Increased Share of ISI Publications: The Effects of a Funding Formula Based on Publication Counts," *Research Policy* 31, no.1 (2003): 143 – 155; see also, by the same author, "Assessing University Research: A Plea for a Balanced Approach," *Science and Public Policy* 34, no.8 (2007): 565 – 574; for information about the Flanders situation, see Koenraad Debackere and Wolfgang Glänzel, "Using a Bibliometric Approach to Support Research Policy Making: The Case of the Flemish BOF-Key," *Scientometrics* 59, no.2 (2004): 253 – 276.

59. Karen Stroobants, Simon Godecharle, and Sofie Brouwers, "Flanders Overrates Impact Factors," *Nature* 500, no.7460 (August 2013): 29.

60. Council of Canadian Academies, *Informing Research Choices*, 120.

61. Linda Butler, "Modifying Publication Practices in Response to Funding Formulas," *Research Evaluation* 12, no.1 (2003): 39 – 46; Henk F. Moed, "UK Research Assessment Exercises: Informed Judgments on Research Quality or Quantity?" *Scientometrics* 74, no. 1 (2008): 153 – 161; Valerie Bence and Charles Oppenheim, "The Role of Academic Journal Publications in the UK Research Assessment Exercise," *Learned Publishing* 17, no.1 (2004): 53 – 68.

62. Maya Beauvallet, *Les Stratégies absurdes. Comment faire pire en croyant faire mieux* (Paris: Seuil, 2009), 67.

63. Council of Canadian Academies, *Informing Research Choices*, xiii.

64. HEFCE (2015), *The Metric Tide*, viii – x.

65. 《经济学文献杂志》(*Journal of Economic Literature*)上的简明全文检索表明,"美国"搜索,能得到 420 份文件,"法国"为 165 份,"货币联盟"仅仅有 11 份,这表明,在所谓的顶级期刊中,并非所有经济对象生来都是平等的。

66. Wayne Simpson and J. C. Herbert Emery, "Canadian Economics in Decline: Implications for Canada's Economics Journals," *Canadian Public Policy* 38, no.4 (2012): 445 – 470.

67. See "Classement européen des revues," accessed December 21, 2015, http://www.cnrs.fr/inshs/recherche/classement-europeen-revues.htm; Françoise Briatte, "Comparaison inter-classement des revues en sociologie-démographie et en science politique," *Bulletin de méthodologie sociologique* 100, no.1 (2008): 51 – 60.

68. Yves Gingras and Sébastien Mosbah-Natanson, "La question de la traduction en sciences sociales: Les revues françaises entre visibilité internationale et ancrage national," *Archives européennes de sociologie* 51, no.2 (2010): 305 – 321.

69. 使用汤姆逊路透社 WoS 数据库(the Thomson Reuters WoS database)中的"分析结果"(Analyze results)功能进行了简要分析。

70. "Journals under Threat: A Joint Response from History of Science, Technology, and Medicine Editors," Editorial published in many journals; see, for example, *Medical History* 53, no.1 (2009): 1 – 4, or *Social Studies of Science* 39, no.1 (2009): 6 – 9.

71. Pierre Bourdieu, *On Television* (New York: New Press, 1998), 95.

72. See: http://theconversation.com/journal-rankings-ditched-the-experts-respond-1598, accessed December 21, 2015; see also Jerome K. Vanclay, "An Evaluation of the Australian Research Council's Journal Ranking," *Journal of Informetrics* 5, no. 2 (2011): 265 – 274.

73. For details, see Anne Saada, "L'évaluation et le classement des revues de sciences humaines par l'Agence de l'évaluation de la recherche et de l'enseignement supérieur (AERES)," *Connexions* 93 (2010): 199 – 204; David Pontille and Didier Torny, "Rendre publique l'évaluation des SHS: Les controverses sur les listes de revues de l'AERES," *Quaderni* 77, no.1 (2012): 11 – 24.

第四章

1. J. Wilsdon et al., *The Metric Tide: Report of the Independent Review of the Role of Metrics in Research Assessment and Management*, HEFCE 2015, DOI: 10.13140/RG.2.1.4929.1363.

2. 对大量文献计量指标的有效性进行系统分析,请见 Council of Canadian Academies, *Informing Research Choices*, Appendix C, accessed December 21, 2015. http://www.scienceadvice.ca/uploads/eng/assessments%20and%20publications%20and%20news%20releases/science%20performance/scienceperformance_

en_appendixbc_web.pdf.

3. Jason Priem, "Altmetrics," in *Beyond Bibliometrics: Harnessing Multidimensional Indicators for Scholarly Impact*, Blaise Cronin and Cassidy R. Sugimoto, eds. (Cambridge, MA: MIT Press, 2014), 263 - 287.

4. Emilio López-Cózar, Nicolás Robinson-García, and Daniel Torres-Salinas, "Manip-ulating Google Scholar Citations and Google Scholar Metrics: Simple, Easy, and Tempting," https://arxiv.org/ftp/arxiv/papers/1212/1212.0638.pdf, 2013.

5. See http://bibliometrie. wordpress. com/2011/05/12/ike-antkare-i-dont-care, accessed December 21, 2015.

6. Formoredetails, seehttp://plumanalytics. comandhttp://www. academicanalytics. com, accessed March 22, 2016.

7. Colleen Flaherty, "Refusing to Be Evaluated by a Formula," *Inside Higher Ed*, December 11, 2015, https://www. insidehighered. com/news/2015/12/11/ rutgers-professors-object-contract-academic-analytics, accessed March 22, 2016.

8. Philippe Mongeon and Adèle Paul-Hus, "The Journal Coverage of Web of Science and Scopus: A Comparative Analysis," *Scientometrics*, October 19, 2015, DOI: 10.1007/s11192-015-1765-5; see also http://hlwiki. slais. ubc. ca/ index.php/Scopus_vs._Web_of_Science? accessed December 21, 2015.

9. See, for example, Anne-Marie Kermarrec et al., "Que mesurent les indicateurs bibliométriques?" Document d'analyze de la commission d'évaluation de l'INRIA, 2007, accessed December 21, 2015, http://www.ias.u-psud.fr/pperso/fbaudin/ docs/RappINRIA.pdf.

10. Éric Archambault, David Campbell, Yves Gingras, and Vincent Larivière, "Comparing Bibliometric Statistics Obtained from the Web of Science and Scopus," *Journal of the American Society for Information Science and Technology* 60, no.7 (2009): 1320 - 1326; for an update of these data, see Mongeon and Paul-Hus, "The Journal Cover-age of Web of Science and Scopus."

11. J. Priem, D. Taraborelli, P. Groth, and C. Neylon, "Altmetrics: A Manifesto," October 26, 2010, http://altmetrics. org/manifesto, accessed December 21, 2015.

12. 最近的一项补充计量学调查,请见 Samanta Work, Stefanie Haustein, Timothy D. Bowman, and Vincent Larivière, *Social Media in Scholarly Communication: A Review of the Literature and Empirical Analysis of Twitter Use by SSHRC Doctoral Award Recipi-ents*. Study commissioned by the Social Sciences and Humanities Research Council (2015), accessed December 21, 2015, http://

crctcs.openum.ca／files／sites／60／2015／12／SSHRC_SocialMediainScholarly Communication.pdf.

13. Stefanie Haustein et al., "Tweeting Biomedicine: An Analysis of Tweets and Cita-tions in the Biomedical Literature," *Journal of the Association for Information Science and Technology* 65, no.4 (2014): 656 – 669.

14. Benjamin Rey, "Your Tweet Half-Life Is 1 Billion Times Shorter than Carbon-14s," http://www.wiselytics.com/blog/tweet-isbillion-time-shorter-than-carbon14, accessed December 21, 2015.

15. Stéphane Mercure, Frédéric Bertrand, Éric Archambault, and Yves Gingras, "Impacts socioéconomiques de la recherche financée par le gouvernement du Québec, via les Fonds subventionnaires québécois. Études de cas," Rapport présenté au Ministère du Développement économique, de l'Innovation et de l'Exportation du Québec, 2007.

16. James Pringle, "Trends in the Use of ISI Citation Databases for Evaluation," *Learned Publishing* 21, no.2 (2008): 85 – 91.

17. Johan Bollen, Herbert Van de Sompel, Aric Hagberg, and Ryan Chute, "A Princi-pal Component Analysis of 39 Scientific Impact Measures," *PLoS ONE* 4, no.6 (2009) e6022, doi: 10.1371/journal.pone.0006022.

18. Jamil Salmi and Alenoush Saroyan, "League Tables as Policy Instruments: Uses and Misuses," *Higher Education Management and Policy* 19, no.2 (2007): 31 – 68; Ellen Hazelkorn, "The Impact of League Tables and Ranking Systems in Higher Education Decision Making," *Higher Education Management and Policy* 19, no.2 (2007): 87 – 110.

19. *IREG Ranking Audit Manual*, Brussels, IREG, 2011, pp. 21 – 22, accessed December 21, 2015, http://www.iregobservatory.org/pdf/ranking_audith_audit. pdf.面对评价方案的多元化,文献计量学专家联盟也提出了一系列十项原则来指导评价,但他们想当然地认为所选择的指标是有效的,但是没有提供明确的标准来证明。在使用多个指标之前,首先必须评价其有效性,因为两个错误不等于一个正确,请见 Diana Hicks et al., "Bibliometrics: The Leiden Manifesto for Research Metrics," *Nature* 520, no.7548 (April 2015): 429 – 431.

20. Council of Canadian Academies, *Informing Research Choices: Indicators and Judg-ment* (Ottawa: Council of Canadian Academies, 2012), 64.

21. Pascal Pansu, Nicole Dubois, and Jean-Léon Beauvois, *Dis-moi qui te cite, et je te dirai ce que tu vaux. Que mesure vraiment la bibliométrie?* (Grenoble: Presses universita-ires de Grenoble, 2013), 93.

22. Paul F. Lazarsfeld, "Evidence and Inference in Social Research," *Daedalus* 87,

no.4（1958）：99 – 130.

23. Jonathan R. Cole and Stephen Cole, *Social Stratification in Science*（Chicago：Uni-versity of Chicago Press, 1973）.

24. Merton, *The Sociology of Science*（Chicago：University of Chicago Press, 1973）.

25. Larivière et al., "The Place of Serials in Referencing Practices"；Éric Archambault et al., "Benchmarking Scientific Output in the Social Sciences and Humanities：The Limits of Existing Databases," *Scientometrics* 68, no.3（2006）：329 – 342.

26. Ranking Web of Universities, 2012, Methodology, paragraph 22, accessed December 21, 2015, http://www.webometrics.info/en/Methodology.

27. 例如,说"教育应该与极度动荡的劳动力市场挂钩"是荒谬的,因为教育的时间尺度与就业市场的时间尺度不相容(引自"*Les cahiers de la compétitivité,*" *Le Monde, May 21, 2008, p.1*)。这个问题强化了基础训练对于超越这种波动的重要性。

28. Jeremiah P. Ostriker, Charlotte V. Kuh, and James A. Voytuk, eds., Committee to Assess Research-Doctorate Programs；National Research Council, *A Data-Based Assessment of Research-Doctorate Programs in the United States*（Washington：National Academy Press, 2011）, accessible at http://www.nap.edu/rdp.

29. 用不同的方法来增加许多指标,就构成了指标的异质性。以价格指数为例,我们可以以将单位同是价格的不同对象(鸡蛋、肉类等)进行相加,这是同质的。不同对象的单位数量相加是不合理的,因为它们是异质的。因此,复合指数可以是同质的,但是必须确保赋予每个部分的权重不是任意选择的。

30. 例如《泰晤士高等教育》(*Times Higher Education*)世界大学排名的方法论,请见：https://www.timeshighereducation.com/news/ranking-methodology-2016, accessed December 21, 2015.

31. Răzvan V. Florian, "Irreproducibility of the Results of the Shanghai Academic Ranking of World Universities," *Scientometrics*, 72, no.1（2007）：25 – 32.

32. M. Enserink, "Who Ranks the University Rankers?" *Science* 317, no.5841（August 2007）：1026 – 1028.

33. Archambault et al., "Benchmarking Scientific Output in the Social Sciences and Humanities."

34. CWTS Leiden Ranking 2015, http://www.leidenranking.com, accessed December 21, 2015, and http://www.umultirank.org, accessed December 21, 2015.

35. 《麦克林》(*Maclean's*)是加拿大的期刊,它每年发布一次加拿大大学排行榜。这份引文来自 2006 年 4 月 23 日的《渥太华公民报》(*The Ottawa Citizen*)。

36. Andrzej Huczynski, *Management Gurus* (London: Routledge, 2006).

37. D. D. Guttenplan, "Questionable Science behind Academic Rankings," *New York Times*, November 15, 2010, accessed December 21, 2015, http://www. nytimes.com/2010/11/15/education/15iht-educLede15.html?pagewanted = all&_ r = 0.

38. QS Top universities, http://www. topuniversities. com/institution/alexandria-university, accessed December 21, 2015.

39. Mathilde Munos, "Classement de Shanghai des universités: 'La France grignote des places' (Fioraso)," *France Info*, August 15, 2013, accessed December 21, 2015, http://www. franceinfo. fr/education-jeunesse/les-invites-de-france-info/classement-de-shanghai-des-universites-la-france-grignote-des-places-fiora.

40. Eleanor S. Abaya, "Marketing Universities Is a Modern-Day Necessity," *University Affairs*, August 5, 2008, accessed December 21, 2015, http://www. universityaffairs . ca/opinion/in-my-opinion/marketing-universities-is-a-modern-day-necessity/.

41. Abaya, "Marketing Universities Is a Modern-Day Necessity."

42. Martin Van der Werf, "Clemson Assails Allegations That It Manipulates 'U.S. News' Rankings," *Chronicle of Higher Education*, June 4, 2009, accessed December 21, 2015, http://chronicle.com/article/Clemson-Assails-Allegations/ 47295/.

43. Yudhijit Bhattacharjee, "Saudi Universities Offer Cash in Exchange for Academic Prestige," *Science* 334, no.6061 (December 2011): 1344 – 1345. See also the many reactions in *Science* 335, March 2, 2012, pp.1040 – 1042, and on their website, http://comments. sciencemag. org/content/10. 1126/science. 334. 6061. 1344, accessed December 21, 2015.

44. Here, I used the Thomson Reuters "2014 HCR as of September 8, 2015"; see http://highlycited.com, accessed December 21, 2015.

45. Étienne Gless, "Ipag: Les secrets d'une progression 'fulgurante' en recherche," L'Etudiant.fr, October 9, 2014, accessed December 21, 2015, http://www. letudiant. fr/educpros/enquetes/ipag-les-secrets-d-une-progression-fulgurante-en-recherche.html.

46. EFMDP Quality Improvement System, *EQUIS Standards and Criteria*, January 2014, p. 64, accessed December 21, 2015, https://www. efmd. org/images/stories/efmd/EQUIS/2014/EQUIS_Standards_and_Criteria.pdf.

结论

1. Hans Christian Andersen, "The Emperor's New Clothes," Literature Network, accessed December 21, 2015, http://www.online-literature.com/hans_christian_andersen/967.

2. Sébastien Mosbah-Natanson and Yves Gingras, "The Globalization of Social Sciences? Evidence from a Quantitative Analysis of 30 Years of Production, Collaboration, and Citations in the Social Sciences (1980 – 2009)," *Current Sociology* 62, no.5 (September 2014): 626 – 646.

3. 最近国立卫生研究院(NIH)推广一个影响指标,是对这个指标的批判性分析的另一个有用的例子,请见 Ludo Waltman, "NIH's New Citation Metric: A Step Forward in Quantifying Scientific Impact?" November 3, 2015; accessed December 21, 2015, http://www.cwts.nl/blog?article = n-q2u294&title = nihs-new-citation-metric-a-step-forward-in-quantifying-scientific-impact&utm_source = feedburner&utm_medium = twitter&utm_campaign = Feed: + cwts/blog +%28CWTS+Blog%29#sthash.2FkykIIv.dpuf.

索　引